帝京大学文学部社会学科 編著
『多摩学』執筆委員会

多摩学

THE TAMA STUDY
A Social Inquiry into Western Tokyo

学 文 社

―●― **執筆者紹介**（執筆順） ―●―

<ruby>浦野<rt>うらの</rt></ruby> <ruby>慶子<rt>やすこ</rt></ruby>	帝京大学文学部社会学科准教授	（序章，第5章，第8章）
<ruby>菊池<rt>きくち</rt></ruby><ruby>美代志<rt>みよし</rt></ruby>	帝京大学名誉教授	（第1章）
<ruby>渡辺<rt>わたなべ</rt></ruby> <ruby>秀樹<rt>ひでき</rt></ruby>	慶應義塾大学名誉教授 帝京大学文学部社会学科教授	（第1章コラム）
<ruby>池<rt>いけ</rt></ruby> <ruby>周一郎<rt>しゅういちろう</rt></ruby>	帝京大学文学部社会学科教授	（第2章）
<ruby>大浦<rt>おおうら</rt></ruby> <ruby>宏邦<rt>ひろくに</rt></ruby>	帝京大学文学部社会学科教授	（第3章）
<ruby>山口<rt>やまぐち</rt></ruby> <ruby>毅<rt>たかし</rt></ruby>	帝京大学文学部社会学科専任講師	（第4章）
<ruby>伊達<rt>だて</rt></ruby> <ruby>康博<rt>やすひろ</rt></ruby>	帝京大学文学部社会学科専任講師	（第6章）
<ruby>河野<rt>かわの</rt></ruby> <ruby>匡人<rt>まさと</rt></ruby>	立川市総合政策部企画政策課（2015年3月31日現在）（第7章）	
<ruby>横溝<rt>よこみぞ</rt></ruby> <ruby>大樹<rt>だいき</rt></ruby>	立川市総合政策部企画政策課（2015年3月31日現在）（第7章）	
<ruby>三重野<rt>みえの</rt></ruby> <ruby>卓<rt>たかし</rt></ruby>	山梨大学名誉教授 帝京大学文学部社会学科教授	（第7章コラム）

目　次

序 ……………………………………………………………… 1

第 1 節　本書のなりたち　1
第 2 節　多摩地域の概要　2
第 3 節　本書の構成　3

第 1 章　多摩地域の歴史 ……………………………… 9
　　　　　―郊外の街づくり―

第 1 節　戦前の郊外の時代　9
1-1 郊外としての多摩　9／1-2 多摩の役割　9
第 2 節　戦後の郊外化と住宅地の開発　11
2-1 乱開発の進行　11／2-2 秩序ある開発への転換　11
2-3 大規模開発と多摩ニュータウン　12
第 3 節　企業と大学の進出　13
3-1 企業の進出　13／3-2 大学の進出　13
第 4 節　地元の住民と行政の対応　14
4-1 商店の変化　14／4-2 農家の変化　15
4-3 行政の対応　16
第 5 節　成熟する郊外　17
5-1 定住の時代へ　17／5-2 生活環境の整備　17
5-3 新しい市民文化　18／5-4 自立と統合　18

第6節　転換期の多摩地域　19

　　　6-1　高齢化・少子化・人口減少と諸問題　19

　　　6-2　施設・建物の維持困難　19／6-3　多摩地域の再生　20

　　コラム　ハンセン病資料館と多磨全生園:「人の尊厳・人権を学ぶ場所」　24

第2章　多摩地域の人口　27

　　第1節　多摩地域の近代以前の人口　27

　　　1-1　中世（奈良時代）の多摩地域の人口　27

　　　1-2　澤田推計の問題点　29

　　第2節　近世の多摩の人口　30

　　　2-1　一人1石？　30／2-2　享保の幕府人口調査　31

　　　2-3　江戸中期から幕末へ　32

　　第3節　明治から第二次大戦終了まで　33

　　　3-1　昭和初期まで　33／3-2　昭和初期からの飛躍　35

　　第4節　多摩地域の将来人口　38

　　　4-1　将来の人口を計算することは　38

　　　4-2　多摩の3地域の将来人口　39

　　　4-3　多摩地域の人口減少　45

　　第5節　人口減少のもたらすもの
　　　　　　―帰園田居―　45

第3章　多摩地域の環境問題　49
　　　　　―緑地保全とゴミ問題―

　　第1節　武蔵野の自然環境　49

第2節　高度成長と緑地の減少　51
　第3節　倉沢緑地の場合　53
　第4節　雑木林の手入れとボランティア　54
　第5節　多摩地域のゴミ問題　55
　第6節　ゴミ収集の有料化と資源化の進展　56
　第7節　最終処分量の変化　58
　第8節　他地域との関連　60

第4章　多摩地域の教育　65

　第1節　地域と学校教育　65
　第2節　伝統的な農村の生活と学校　67
　第3節　高度経済成長期から1970年代にかけて
　　　　　―学校増設・高校全入運動　69
　第4節　1990年代以降―学校統廃合の問題　71
　第5節　地域の中の知識　74

第5章　多摩地域のブランド構築　83
　　　―戦略と課題―

　第1節　地域活性化手法としてのブランド構築　83
　第2節　多摩ブランド構築の必要性　84
　第3節　多摩地域における戦略的ゾーニングの在り方　85
　第4節　ブランド化を図るべき4領域　88
　第5節　ブランド化に向けた展望　92

第6章 多摩地域のメディア
―コミュニティ FM を事例に― 99

第1節 再び問われる地域メディアの役割　99
第2節 地域メディアとしてのコミュニティ FM の背景　100
　2-1 コミュニティ FM の定義と社会的位置づけ　100
　2-2 かつての違法放送と人びとの情報発信欲求との関係　101
第3節 多摩地域におけるコミュニティ FM の現況
　　　　―「エフエムたちかわ」を事例として　105
第4節 地域メディアの再考と未来に向けての課題　108
　4-1 社会的資源としてのコミュニティ FM の可能性　108
　4-2 メディアの市民参加としてのパブリック・アクセス　110
第5節 今後の地域メディアの進展に向けて　111

第7章 立川市第4次長期総合計画
―多様な市民参加による計画策定― 117

第1節 立川市の概要　117
第2節 長期総合計画と地方自治法について　117
　2-1 長期総合計画のこれまでの展開　117
　2-2 地方自治法の改正と長期総合計画の策定　118
第3節 立川市第4次長期総合計画について　119
　3-1 概　要　119／3-2 将来像・都市像・基本理念　120
第4節 「第4次長期総合計画」における市民参加手法に
　　　ついて　123
　4-1 市民会議　124

4-2 市長と語ろう！（市長との意見交換会）　128
　　4-3 市民意向調査　129／4-4 来街者意向調査　130
　　4-5 パブリックコメント　130
　　4-6 長期総合計画審議会　131
　　4-7 市民参加に関する考察　131
　第5節　**市民とともにつくる"まち"の将来**　133
　コラム　政策評価　135

第8章　多摩信用金庫の取り組み　…… 137
―地域の活性化を図る仕組みづくりに着目して―

　第1節　地域の活性化に貢献する信用金庫　137
　第2節　歴史と風土からみた価値創造の精神的支柱　138
　第3節　能動的な芸術文化活動を支える仕組みづくり　139
　第4節　新しいライフスタイルを創発する仕組みづくり　140
　第5節　創業を歓迎する風土の涵養　142
　第6節　新しい学びのありかたを拓く　144
　第7節　危機突破の重要なプレイヤーとして　145

序

『多摩学』執筆委員会を代表して
浦野　慶子

第1節　本書のなりたち

　本書は，東京都区部及び島しょ部を除いた26市3町1村で構成された多摩地域を総合的に分析・検討した成果をまとめたものである。執筆にあたっては，帝京大学文学部社会学科に設置されている専門教育科目である「多摩学」を担当する教員を中心として構成された『多摩学』執筆委員会が編者となり，「多摩学」の授業にて招聘講師を務める立川市及び多摩信用金庫にもご協力いただいた。「多摩学」講座は，2008年度に開講し，立川市は開講初年度から，多摩信用金庫は2010年度から招聘講師として授業を担当していただき，産業関係者も加わって産学官連携によるオムニバス形式の講座として発展してきた。「多摩学」講座は，社会学科の学生だけではなく他学部・他学科の学生も履修することができ，さまざまな専攻の学生たちが学んでいる。本書は，多摩地域の大学生のみならず多摩地域に関心のある生涯学習者にも広く読まれることを想定して多摩地域の過去・現在・未来を分かりやすく解説し，多摩地域への理解を深めることのできる内容になっている。さらに，多摩地域について英語で学びたい人や2020年の東京五輪開催を契機に東京に関心を持った

諸外国の人びとに向けて，各章の最後に英文要旨をつけた。

第2節　多摩地域の概要

　最初に，多摩地域の概要を解説したい。多摩地域は，東京都の西半分を占め，区部及び島しょ部を除いた26市3町1村で構成されている。東京都の面積の約半分に当たる1,169㎢に，現在，都の人口の約3分の1を占める400万人が住んでいる。JR東京駅から20キロ圏内で準都心といえる地域から，過疎地域自立促進特別措置法によって過疎地域に指定されている地域まで，さまざまな特色を持った市町村によって構成されている。30市町村の集合である多摩地域をひとつの都道府県と見立てて比較した場合，人口規模も経済規模も都道府県に匹敵する規模を誇るほか，歴史的に市民活動が盛んで，それを継承して生まれた特定非営利活動法人（NPO法人）もあり，経済活動だけではなく市民活動や非営利活動も活発な地域であると言える。その一方で，都会のオアシスともいうべき自然に恵まれた地域で，トレッキングやカヌーなどのアウトドアスポーツを楽しむこともでき，自然公園も多い。なかでも明治の森高尾国定公園に指定されている高尾山は，古来より山岳信仰の霊場として修験道の修行が行われてきた。豊かな自然と歴史の息づく地域であるため，外国人観光客にも人気の訪問先となっている。

　自然と人間が共生する美しい風景は，作家や画家に創作のインスピレーションを与え，文学・美術作品のモチーフにもなってきた。多摩地域の中でも，現在の三鷹市には，武者小路実篤，山本有三，三木露風，太宰治などの近代文学者たちが住んでいたことで知られる。また，倉田三郎をはじめとする画家も多摩地域の各所でアトリ

エを構え，創作を行った。現在では，世界的に高い評価を得ているスタジオジブリの作品が展示・公開されている三鷹の森ジブリ美術館（三鷹市）やハローキティなど世界中で人気を集めるサンリオキャラクターのテーマパークであるサンリオピューロランド（多摩市）がある。緑豊かなベッドタウンというイメージの強い多摩地域であるが，実際にはわが国が誇るモノづくり産業の集積地かつ現代文化の発信拠点として発展している。

第3節　本書の構成

帝京大学文学部社会学科『多摩学』執筆委員会では，多摩地域を総合的に解説するために，前半は，歴史（第1章），人口（第2章），環境（第3章），教育（第4章），地域ブランド構築（第5章）の5つの分野を分析し，後半は事例研究として，地域メディア（第6章），立川市による取り組み（第7章），多摩信用金庫による地域活性化への取り組み（第8章）に焦点を当てて考察した。

多摩地域は，高度経済成長期に大量に人口が流入したのを受けて，大規模な宅地開発や教育施設の整備が行われるとともに貴重な自然環境が失われてきた。第1章では，明治時代から現代に至るまでの多摩地域の歴史を郊外のまちづくりの視点から解説し，第2章では，奈良時代から現代に至るまで多摩地域の人口がどのように変動してきたのかについて推定・分析したうえで，人口減少時代における多摩地域の将来人口について考察している。第3章では，多摩地域の自然環境とゴミ問題について解説し，第4章では，多摩地域の学校教育をめぐる争点を整理・分析し，地域住民にとっての学校の意義を検討している。第5章では，都心回帰，少子高齢化，グローバル

化の波を受けて多摩地域が取るべき地域ブランド構築に向けた戦略と今後の課題について論じている。第1章から第5章までをあわせて読むことで，多摩地域の発展のあゆみを総合的に理解することができ，そのうえで，多摩地域では，① 現在，どのような問題が起きているのか？ ② なぜ，そのような問題が起きているのか？ について知り，③ その問題にどのように対応しているのか？ 今後，どのように対応すべきなのか？ について考えることができるようになっている。後半の第6章では，コミュニティFMを事例に多摩地域における地域メディアの役割と今後の展望について検討している。第7章では，立川市が2015年度から今後10年間のまちづくりの方向性を定めた「立川市第4次長期総合計画」の概要と策定プロセスで用いられた市民参加手法について解説し，第8章では多摩信用金庫による地域活性化への取り組みについて紹介している。

　本書は多摩地域に焦点を当てているが，多摩地域が抱える諸問題は，他の多くの地域でも直面しており，さまざまな地域の方に広く活用していただければ幸いである。最後に，本書出版の機会をいただき，企画から刊行に至るまで編集委員及び執筆者を支援してくださった学文社社長田中千津子氏に，編集委員を代表して厚くお礼申し上げる。

序

The Tama Study:
A Social Inquiry into Western Tokyo
Preface

1. The Background of This Book

This book is a set of research papers on Western Tokyo, which is called "the Tama area" in a number of fields such as sociology, demography, and public administration. In order to produce this book, instructors offering an omnibus course on the Tama area at Teikyo University's sociology department established a writing committee in 2014. The committee invited both the city of Tachikawa and the Tama Shinkin Bank to participate in the project because officers of this city and bank have given lectures on the Tama area. Every chapter provides an abstract in English to make the book accessible to a diverse group of readers.

2. A General Picture of the Tama Area

The Tama area is located on the west side of Tokyo and consists of 26 cities, three towns, and one village. The current population of the area is 4,000,000 which is approximately one third of the total population of the Tokyo metropolis. However, although the Tama area contains only 30 administrative districts, its population size and economic magnitude are comparable to those of other prefectures. This area also has a large number of licensed non-profit organizations. The Tama area is, then, not just a set of bedroom suburbs, but a socially and economically important area close to the center of Tokyo.

The Tama area has a rich natural, historical, and cultural heritage. It contains one national park, one semi-national park, and six Tokyo metropolitan parks. Mt. Takao, which is located in the Tama area, has obtained three stars from the Michelin Green Guide Japon and captured attention worldwide. Such harmony between nature and human life provides inspiration and motivation to writers and artists. For example, many poets, novelists, writers, and critics—including Saneatsu Mushanokoji (1885-1976), Yuzo Yamamoto (1887-1974), Rofu Miki (1889-1964) and Osamu Dazai (1909-1948) —lived in and loved this area. In addition, various artists—such as Saburo Kurata (1902-1992)—lived in the Tama area and established their studios there. In addition, since the Ghibli Museum designed by Hayao Miyazaki and Sanrio Puroland known as Hello Kitty theme park are located in the Tama area, it can be thought of as both an industrial cluster and a generator of culture.

3. The Structure of This Book

This book includes eight chapters. The first half of the book, Chapter One to Chapter Five, provides a detailed picture of the Tama area. Chapter One gives a general overview of the area's history, Chapter Two reviews how its population has evolved, Chapter Three argues environmental issues, Chapter Four discusses educational concerns, and Chapter Five argues in favor of brand building for the Tama area. The second half of the book provides case studies. Chapter Six examines the significance and future agendas of having a community-based radio, Chapter Seven introduces the Tachikawa city's long-term comprehensive plan, and Chapter Eight examines the social contributions that the Tama Shinkin Bank has made to the region.

This book focuses specifically on the Tama area; however, other regions face similar issues and problems. Therefore, the committee hopes that people from other areas as well as those who are specifically interested in the Tama area will read this book and use our suggestions. Finally, the committee greatly appreciates all the support that Ms. Chizuko Tanaka, president of Gakubunsha, has given us.

Yasuko Urano
Chair of the Writing Committee on the Tama Study

第1章
多摩地域の歴史
―郊外の街づくり―

菊池美代志

第1節 戦前の郊外の時代

▶1-1◀ 郊外としての多摩

　多摩地域に人が暮らすようになったのは，はるか古代に遡る。徳川時代には多摩地域は，江戸を起点とする甲州街道・青梅街道・五日市街道の宿場町，また城下町江戸への薪炭の供給地としての役割を果たしていた。その後明治初期の政治変動を経て，明治23年に東京府への所属が決まると，東京の中に組み込まれ，今日の多摩地域が形成されていった。

　では，今日の多摩地域とは何か。その特質を一言でいえば，大都市東京の「郊外地域」，すなわち中心都市と関連しながら存在している地域のことである。その歴史は，ゆるやかに成長した戦前の郊外の時代，急激に成長してやがて成熟に達した戦後の郊外化の時代，そして成長を終えた今日の転換期の時代の3期に分けてとらえることができる。

▶1-2◀ 多摩の役割

　戦前の多摩は，東京の郊外として原料の供給地，住宅地，工業地，

行楽地という4つの役割をもっていた。

　第一は，原料の供給地の役割である。明治に入ると多摩は，近郊農村として薪炭，農作物，織物などの市民の日常生活に必要な消費物資を提供するだけでなく，東京の都市開発に必要な原材料の供給地としての役割が増した。多摩の特産物である木材，石灰石，砂利へ大量の需要が起こり，これらの資材や日常品を東京に輸送するため，中央線，青梅線，西武線が建設された。

　第二は，郊外住宅地の役割である。大正期に入ると多摩に実業家の別荘地が造られた。またこの頃全国各地から東京に流入する人口が増え，都内に集中した多数の人口は，郊外に流出していった。とくに大正末期の関東大震災以後，東京西部の郊外化が進行し，成城や国立などに計画的な高級住宅地が建設された。昭和期には多摩に工場進出が始まり，そこで働く勤労者向けの一般住宅が建設された。

　第三は，新設の工場地の役割である。昭和期に戦争が始まると軍需産業の急速な拡大が起こり，多摩には多数の大規模な軍事工場が建設された。航空機，自動車，精密機械等の製造工場，その部品を造る下請け工場が立地し，多摩地域は工場の町になっていった。そして戦後これらの軍需工場と技術者は，平和産業に転換し，今日の産業の町多摩のもとになった。

　第四は，行楽・レクリエーションの地の役割である。多摩の豊かな自然は，戦前から大都市の勤労者の休日の行楽地として利用されてきた。大正期から昭和初期には私鉄網が整備され，高尾山，多摩湖，奥多摩や秋川の渓谷などが日帰りの格好のレクリエーション地となった。

第2節　戦後の郊外化と住宅地の開発

▶2-1◀ 乱開発の進行

　戦後，東京には全国から大量の人口が流入し，都内に溢れた人口は周辺の郊外へと拡散していった。西部の郊外の多摩は，通勤に便利で，地価が安く，自然も豊かで子育てに向いていたので，沢山のサラリーマンがマイホームを求めて殺到した。その宅地化は23区に隣接する武蔵野の台地から始まり，やがて多摩の丘陵地の奥へと進んでいった。

　当時は，何処でも好きなところに住宅を建てることができたから，住宅は地価の安い場所を選んで建てられ，農地や雑木林，丘陵地が次つぎと宅地に転換され，自然破壊と無秩序な乱開発が進んだ。その結果，駅から遠く，家は小規模で，狭い未舗装の道路，公共施設と商業施設が乏しいという粗悪な市街地が各地に形成された。

▶2-2◀ 秩序ある開発への転換

　無秩序な開発と粗悪な住宅地の建設を阻止するため，都市計画法が改正されて1970年から開発の規制が始まった。すなわち都市の中を中心部に近い市街化区域と，農地や山林から成る周辺部の市街化調整区域に二分し，今後の住宅建設は前者の区域にのみ認め，後者の区域には禁止するという規制を発足させた。こうして住宅建設を中心部に誘導することで，基盤整備を重点的に行い，良好な街を形成しようとした。同時に住宅の拡散を防止し，周辺の自然の保護を狙った。

　しかし，住宅建設が認められた市街化区域の範囲は広大で，無数

の空き地が含まれていたから、区域の中で乱雑なミニ開発が進行した。今日、こうした市街地には中高層のマンションが建設され、新しい街ができつつある。

　秩序ある開発のもうひとつは、周辺部の市街化調整区域内でも20ヘクタール以上の住宅団地ならば例外的に開発を認めたことである。大手のデベロッパーは、地価の安い調整区域に広い土地を取得して大規模な住宅団地を建設していった。こうして鉄道駅から遠く離れた山間部に忽然と大きな一戸建住宅団地が出現することになった。

▶2-3◀ 大規模開発と多摩ニュータウン

　1950年代に住宅公団や住宅供給公社は、住宅難解消のため集合住宅団地の建設を始めた。大きな敷地に鉄筋コンクリートの中高層集合住宅がずらりと並ぶ姿は、郊外の風景を一変させるものがあった。三鷹市の工場跡地に建設された公団団地の第1号など、多摩の各地に数百戸、千戸を超える大規模な団地が建設されていった。

　1960年代に入って多摩ニュータウンを建設する事業がスタートした。それは、高い住宅水準と良好な居住環境を整え、しかも低家賃の賃貸住宅を一挙に大量に供給しようとする事業である。計画人口34万人という巨大な新しい町を多摩の丘陵地に建築するものでもあった。1971年に第1次の入居が始まると、高学歴・中所得・ホワイトカラー・若年齢・核家族という典型的な通勤サラリーマン層が居住し、そこに新しい郊外文化が生まれた。その後、新規開発と再開発を混合しつつ、ニュータウンの建設が継続している。

第1章　多摩地域の歴史

第3節　企業と大学の進出

▶3-1◀ 企業の進出

　多摩地域では，徳川時代から絹織物や綿織物の生産が盛んであった。次に戦時中に軍需産業関連の工場がつくられた。戦後になると，高度経済成長期に機械・輸送・食品等の大企業が進出し，八王子等に大きな工業団地がつくられた。今日では，情報通信・精密・光学・音響・アニメ・研究開発関連の企業が増え，13万社を超える企業が立地する産業のエリアとなった。

　企業が多摩の魅力としてあげる事柄には，次のようなものがある。先端技術産業・開発型産業・精密技術産業の集積。高度の技術力をもつ多種の中小企業群の集積。ベンチャー型に有利。大学等教育機関と研究機関の集積。都心に近く企業経営や営業に有利。地価が安く空き地がある。多摩の大きな人口規模のもつマーケットとしての魅力。大学という良質の人材の供給源の存在。女性や退職者などの潜在的労働力が豊富，などなど。多摩がこうした魅力を今後も維持できるなら，さらに新しい産業の発展を期待できよう。

▶3-2◀ 大学の進出

　戦後の多摩地域の変化として特筆されるのは，大学の郊外化である。1960年代半ばから大学進学率が急上昇し，大学の新設と拡張が相次いだ。しかし，当時は都内で大学の建設を制限する法律が施行されていて，大学は広い敷地を求めて郊外へ，とくに都内からの通学に便利な多摩地域に続々と進出していった。その結果，今日約80の大学，学生数23万人という日本有数の学園都市となった。学生た

ちは豊かな自然環境の中で，勉学・スポーツ・レジャーの活動を満喫している。

　大学が地域に与える効果には，次のようなものがある。学生と大学が巨大な消費者として地元を潤す経済効果，市民講座の開設，図書館や体育施設の開放，企業との研究連携，地域行事への学生の参加，などである。今日わが国の大学は，その使命として従来からいわれてきた教育と研究に加えて，地域への貢献を重視するようになった。多摩地域の大学は，相互に連携して地域貢献を進めている。

第4節　地元の住民と行政の対応

▶4-1◀　商店の変化

　多摩地域には現在，400万人を超える人が住んでいる。ところで多摩は，明治期の東京移管以来100年をかけて1950年代に人口100万人に達したもので，この人たちが地元民である。そしてその後に流入してきた300万人は新住民で，この人たちが新しい巨大な多摩の街を創ったわけである。急速な新住民の流入と人口増加，古い町のなかに次つぎに造られる新しい建物と道路。この変化に飲み込まれた地元の住民は，どう対応し変化していったのだろうか。とくに商人と農民について検討しよう。

　多摩の商店街といえば，街道沿いの宿場町に形成された古い商店街があり，鉄道の開設と共に生まれた新しい駅前型商店街がある。今日，モータリゼーションの時代に入って，市街地の外側に巨大な駐車場を備えた郊外型ショッピングセンターが建設されている。

　人口の増加につれて，各地の地元商店も増えていった。都心の巨大デパートや有名商店が多摩センターなどにも進出してきた。なか

でも朝夕に通勤・通学客の集中する駅前は新興の商業地域となり，新住民の買い物ニーズに応じる店が次つぎと開業して活況を呈した。他方で各地の地元商店は，高齢化や後継者難もあり，駅前に顧客を奪われ衰退していった。郊外の駅前では，昔の狭い広場に車と人が殺到し，混雑による利用効率の低下や交通事故の危険が生じた。これに対応して駅前再開発が行われた。古い広場と小商店が撤去され，大きな広場にバスターミナル，これを囲んで駅ビルと商業ビルが建設され，どこにでもある郊外的駅前風景が各地に出現した。しかし，この駅前商店街も買い物客を十分に満足させるに至らず，都心への顧客の流出を食い止められないままに今日に至っている。そして，現在では中心市街地の外側に巨大なショッピングセンターが新設されて買い物客を吸収し，既存の商店街との競争が始まっている。

▶4-2◀ 農家の変化

　多摩地域の農村では，キノコ，ウド，ユズ，梨，梅，こんにゃく，わさび等の作物がつくられ，東京の近郊農村の役割を果たしていた。しかし，武蔵野の台地と多摩の丘陵地に広がっていた田畑は，次つぎと宅地に転換し，農家は次第に減少した。農林業センサスによれば，多摩の農家数は1950年およそ4万，1970年2.6万，1990年1.5万戸である（東京都　2015）。土地を手放した農民は，売却で得た資金を元手に商店やアパートの経営者に転換したり，サラリーマンになる人もでた。

　現在も農業を継続する農家があり，その戸数は2010年で1万戸を少し超えている。主に，都市志向型農業経営，つまり野菜・果物・花などの換金性の高い生鮮品農業および施設園芸，畜産などを行う

農家である。しかし農業だけでは生活できないといわれる中で、アパート・マンション経営で収入を確保しながら、あえて農業を続ける農家がある。近郊エリアならではの都市型兼業農家の在り方が注目される。

今日市街地内農業は、住宅に囲まれた中で農業環境の悪化等の経営の困難さを抱えながら、その役割が再評価されつつある。都市内の農地は、自然環境の保全手段、災害時の避難空間、市民農園として余暇利用などで見直されている。農業と農地のもつ産業的役割に加えて、新たな公共的役割が重要になった。

▶4-3◀ 行政の対応

多摩地域の各自治体では、人口増加に伴う行政需要の増加、財政の貧困と悪化が起こった。開発されたばかりの住宅地に住む新住民は、劣悪な生活環境の中で暮らすことになった。昔の田畑、林、丘陵、山地のいたるところに住宅が建設され、もと農道や野道を転用した道路は狭く未舗装、ガスや下水道もなく、バス停留所・商店・病院・学校・保育所は遠くて不便という生活を余儀なくされた。宅地化だけが先行し、公共施設の整備が立ち後れたためである。

新しく流入した住民たちは、行政に対して公共施設の早急な整備を要求したが、自治体は財政難のため、急増する行政需要に対応できないという深刻な事態が発生した。とくに増え続ける子どもの学校の建設に膨大な支出を強いられ、他のサービスは後回しになった。こうして人口の大量流入に伴う貧困な郊外住宅地が形成され、行政はさまざまな対策に追われた。

この時期には、自治体の合併と区域の拡大が進んだ。小さな町や

村は宅地化推進と財政難のため合併を繰り返した。1945年には2市61町村だったが，2001年には26市4町村に半減し，現在の行政区域に至っている。

第5節　成熟する郊外

▶5-1◀ 定住の時代へ

　1970年代に入って高度経済成長の時代が終わり，東京への人口の集中が緩和すると，都内から溢れた人口が多摩地域に流入する勢いが弱まった。さらに，1990年代バブル崩壊の時代に入ると，各地で人口増加のペースが落ち，施設建設の圧力から解放された。かつて新住民は地域に無関心で，その増加にともない街の統合は解体するといわれてきたが，その人たちも多摩地域に居住して何年も経過し，次第に地元に馴染んできた。子どもは郊外に生まれ育ち，地元っ子として成人した。郊外は，流入の時代から定住の時代に変化したのである。

▶5-2◀ 生活環境の整備

　各地の自治体は長い時間をかけて，生活基盤施設の整備をほぼ終了した。区部との三多摩格差もほぼ解消し，緑豊かな快適な生活環境が整備された。自治体財政は窮迫から解放され，次はスポーツ・学習・レジャー等の高次生活関連施設の建設に予算をまわせる余裕がでてきた。ゆとりと個性ある街づくりが期待できるようになったのである。バブルの時代，多摩丘陵の一帯に開発された高級住宅地では，そこに住む若い世代のアメリカ風の郊外的ライフスタイルが注目され，豊かな郊外が登場したと話題になった。

▶5-3◀ 新しい市民文化

多摩には，若年・高学歴・ホワイトカラーという人びとが多数居住し，新しい市民文化を形成していった。地域に無関心のはずの新住民が公共施設の整備を求めて住民運動を起こし，また各種の生活問題をテーマとする自主的な運動を立ち上げた。多摩は昔から文化・芸術活動が活発だったが，環境・消費者・子ども文化・福祉活動などの新しい市民運動が盛んになった。そして今日多摩にはNPO団体が多数あり，これらの活動を継承している。

▶5-4◀ 自立と統合

郊外とは何か，それは中心都市と関連しつつ存在するエリアを指している。しかし今日の，多摩に住む人の通勤先（15歳以上）と通学先の統計では，2010年における区部への依存率は，前者で25.5%，後者で10.9%である。そして，通勤・通学者とも多数の人が多摩地域内に依存している（東京都　2014）。

今日では，中心都市から住宅・産業・教育・商業の機能が郊外へと流出し，これらを集積した郊外地域は複数の都市的機能を備えた自立した都市へと変化しつつある。そして相互に鉄道や道路の交通網で結ばれ，郊外間の通勤，通学，買い物現象が増えている。しかしながら，依然として活力ある東京の中心部は，その魅力によって多摩の人の心をとらえ続けている。今後も継続するであろう都心への依存と，他方での郊外間の統合とのバランスをどう構築するか，そのなかで多摩がどのような役割を果たすのかが課題である。

第1章　多摩地域の歴史

第6節　転換期の多摩地域

▶6-1◀ 高齢化・少子化・人口減少と諸問題

　かつて成長期にあった多摩は、次の時代に入りつつある。いま多摩地域が直面する問題として高齢化・少子化・人口減少の3つがある。ニュータウンや大型分譲団地では、かつて大量に入居した若い住民が年齢を重ねてそのまま高齢者になった。経済的窮乏、孤独、病気という生活困難をかかえた高齢者が集中する街をどうしたら維持できるだろうか。こうした街では、若い世代が転出したので子どもが生まれず、少子化と人口減少も進んだ。

　人口減少の結果生じる街の活力の低下、商店街の衰退、自治会や住民活動の衰退、学校など施設の余剰化、地価の下落等にどう対処するか問題である。さらに、人口減少に伴う都市機能の流出が課題である。郊外化と人口増加の時代に都心から進出したデパートなど大型店や余暇産業が、人口増加の頭打ちと減少を見越して撤退を始めた。その進出は急速であったが、撤退もまた急速である。その他、転出する大企業が数社あり、その跡地利用等の穴埋め策、再導入する都市機能について検討されている。

▶6-2◀ 施設・建物の維持困難

　かつて人口急増期に建設された学校・図書館・体育施設等の公共施設が老朽化し、補修と建て替えを必要とする時代になった。バブルの時代に財政の余裕を生かして建設されたハコモノ施設も多数ある。自治体にはそれら施設の維持・管理費や解体費の負担が増している。

開発と新設の時代は終わり、今日は既存の施設の有効利用、補修と延命が必要となった。児童数の減った小中学校の統合、空き校舎の他の施設への転用、各種の施設を1か所に集めた複合・多目的機能施設への転換、などである。

　また、郊外化の時代に建てられた大量の戸建住宅や集合住宅が、改修と建て替えを必要としている。しかし住民にはその費用を負担する余裕がなくてスラム化し、やがて空き家となって放置され、防犯・防災上、危険な存在になっている。さらに、乱開発の時代、それに続く市街地内ミニ開発の時代に造られた粗悪な住宅地の環境の改善が必要である。このままでは、市街地の荒廃が進む懸念がある。

▶6-3◀ 多摩地域の再生

　多摩地域の再生にはどのようなプランがあるか、それは過去の歴史を記す本章の仕事の範囲を越えている。しかし歴史を学ぶことにより、これまで多摩地域が集積してきた優れたストックを洗い出し、再生に役立てることができる。多摩は長い時間をかけて若年者と中年者向きの完成度の高い街を建設した。いまその中で高齢者が退出し、空きができて地価が下がっている。そこに若い世代が流入して世代交代がおこり、街が再生する道がないだろうか。また逆に、多摩が蓄積した負のストックを発見し、解決の方法を考えることも必要である。たとえば、かつて多摩が急速な宅地化の時代に推進した郊外開発の歪みと、その後遺症という過去とかかわる問題の解決である。多摩地域の再生を考える時には過去に目配りすることが大切であり、そこに多摩地域の歴史を知る意味がある。

第1章　多摩地域の歴史

■ 参考文献 ■

学術・文化・産業ネットワーク多摩『知のミュージアム　多摩・武蔵野検定公式テキスト』ダイヤモンド社（2008）

多摩百年史研究会『多摩百年のあゆみ―多摩東京移管百周年記念』けやき出版（1993）

東京市町村自治調査会『多摩地域データブック・2011（平成23）年度版』（2011）

東京都総務局統計部「平成22年　東京都の昼間人口」（2014）
http://www.toukei.metro.tokyo.jp/tyukanj/2010/tj-10index.htm（最終アクセス日：2015年5月24日）

東京都総務局統計部「東京都統計年鑑，農林水産業」（2015）
http://www.toukei.metro.tokyo.jp/tnenkan/tn-index.htm（最終アクセス日：2015年5月24日）

武蔵野郷土史刊行会『多摩の歴史・全7巻』有峰書店（1975）

Chapter 1
A Historical Overview of the Tama Area from late 19th Century to the Present

Miyoshi KIKUCHI

The Tama area, the west side of Tokyo Metropolis, has a rich historical heritage. While there is evidence of the existence of human habitats in ancient times, this chapter engages in a historical overview of the region from the late nineteenth century to the contemporary period. This time span is divided into three stages: first, the modest development stage from the late nineteenth century to World War II; second, the rapid suburbanization stage from the post-World War II period to the early 1990s; and third, the transition stage from the early 1990s to the present. In the first stage, the Tama area provided sites and resources for raw material supply, residential compounds, manufacturing, and leisure. The transportation network from the center of Tokyo to the Tama area was also developed during this stage. After World War II, rapid urbanization in Tokyo led to the growth of the suburbs, and the Tama area faced excessive population inflows and urban sprawls. Specifically, since the mid-1960s, many junior colleges and universities were moved to or established in the Tama area. Newcomers, such as college students and white-collar workers, established new lifestyles and engaged in modern cultural practices. In the 1970s, the City Planning Law Amendment Act was enforced with the aim of protecting both afforested and agricultural areas. The corresponding tensions between nature and modern life have resulted in a situation in which only 10,000 indigenous households continue to be engaged in suburban agriculture. In the third stage, the Tama area is being faced with an aging population, a declining birth rate, and an aging of public facilities. At the same time, since car-friendly, giant shopping malls have gained popularity, small local shopping venues have been in decline, with a consequent toll on local small business.

> Column

ハンセン病資料館と多磨全生園：
「人の尊厳・人権を学ぶ場所」

渡辺　秀樹

　人権を学ぶ場として多摩地区で是非訪ねたいのが，東村山市にある国立ハンセン病資料館と隣接する国立療養所 多磨全生園である。

　ハンセン病は差別と偏見の長い歴史を持つ。隔離政策が長く続き，ようやく20世紀末（1996年）にその法律が廃止された。21世紀になって国の誤りを認める判決があり，現在にいたっている。資料館では，医学や政策の歴史，また差別や偏見のなかでの，元患者さんたちが経験した生活，そのなかでのたいへんな困難や苦労について，そうした環境の中で人間として生き抜いた患者さんの人生が，多くの資料によって示されている。そうした豊富な資料展示はわれわれに，「人の尊厳とは何か」，「人権とは何か」を深く考えさせる。

　問題は，すべて解決されたわけではない。長い隔離生活によって，社会への復帰の過程は容易ではない。社会との関係をどのように築き上げていくのか，社会にとっての，そして社会に生きるひとりひとりの課題である。ハンセン病の歴史を振り返り，ハンセン病と社会との関係を考える地として，もっとも相応しい場所である。一般市民だけでなく，多くの中・高校生や大学生の人権教育・人権学習の場となっている。

　広大な緑豊かな全生園には，東村山市の「いのちとこころの人権の森宣言」の石碑がある。全生園の桜並木の素晴らしさは，多摩全域のなかでも屈指である。現在は市民の散策の場ともなっている。園の一角には，数年前，地域の子どもたちが通う保育園が誕生した。全生園に子どもたちのにぎやかな声がする。長い隔離の時代に子どもを持つことを許されなかった元患者さんたちには，すごく嬉しいことだ。

　毎年，学生たちと資料館を訪ね，そして多磨全生園を歩く。朽ちた古い寮舎がある。かつて園の子どもたちが通った学校は取り壊され，その跡地では近隣の子どもたちがサッカーなどをして遊んでいる。園の中心付近には，レストラン「和（なごみ）」がある。そこで，元患者さんに会うこともある。昨年秋には，ちょうど映画（河瀬直美監督，『あん』2015年6月公開）のロケ中で，市原悦子さんや永瀬正敏さんがおられた。

第1章　多摩地域の歴史

女性の元患者さんが，曲がった指を見せながら，「これでどのように
カップを持つかを市原さんに演技指導していたの」と笑顔で話してくれ
た。資料館の URL は以下の通り。
国立ハンセン病資料館　ホームページ：http://www.hansen-dis.jp

The National Hansen's Disease Museum and National Sanatorium Tama Zenshoen: a place to learn about human dignity and human rights

Hideki WATANABE

The National Hansen's Disease Museum (NHDM) and National Sanatorium Tama Zenshoen offers a valuable opportunity to learn about human dignity and human rights. The museum and sanatorium are located in Higashimurayama, a city in the northern part of the Tama area. The museum was established to provide accurate information about Hansen's disease, also known was leprosy, to abolish prejudices and discrimination against those who have this disease, and to restore the human dignity of the former patients, who continued to be isolated in sanatoriums until 1996 (NHDM 2015). The permanent exhibition describes the history of Hansen's disease in Japan and the harsh conditions the patients endured. Also, the exhibition explains how the patients and survivors of this disease have struggled to find meaning in their lives amidst this prejudice and discrimination (NHDM 2015). Indeed, these survivors still experience difficulties with re-socialization because of their long periods of isolation. This museum provides the opportunity to learn about human dignity and human rights and shows how we can take steps to find a solution to the problems of prejudice and discrimination.

The National Hansen's Disease Museum's website: http://www.hansen-dis.jp (Retrieved March 24, 2015)

第2章
多摩地域の人口

池 周一郎

第1節 多摩地域の近代以前の人口

多摩地域の人口について，文献考証的にある程度確度のあることがいえるのは，奈良時代以降であり，縄文時代や弥生時代の人口については，考古学の知識に依存する他ないので本章では扱わない。

▶1-1◀ 中世（奈良時代）の多摩地域の人口

奈良時代でも多摩という単位で人口を知ることは極めて困難である。本章で主に依拠する『奈良朝時代民政経済の数的研究』（澤田吾一，昭和47年復刻版，柏書房，昭和2年）においても，武蔵の国という古代からの行政単位での人口を推定するのみであり，多摩地域の人口はその推計値をもとに推定するしかない。

武蔵国は，現在の東京・埼玉・神奈川の一部を含んでいる。それゆえ武蔵国の人口の4分の1から5分の1程度が多摩地域の人口ということになるであろう。

澤田は，2つの方法により奈良時代の日本人口の推計を行っている。これは，これから説明するように，律令制という中央集権的な政治形態の成立によって初めて可能になったともいえる。つまり，

それ以前はほとんど合理的な推計方法がないともいえるのである。

1. 「出挙稲(すいことう)」による方法：奈良朝政府に支払われた当時の税金ともいえる「出挙稲」の量から、その「出挙稲」を負担するにはどれだけの人間が必要かを見積もり、それから逆算して人口を推計する方法。
2. 課丁人口による方法：人びとが政府に支払ったのは、米という収穫物だけではなかった。租庸調という現物労働や織物などの工芸品を貢がなければならなかった。これらの負担を担当する人数が記録されている。この課丁人口はいわば納税者人口であり、一納税者の背後に存在する家族・世帯数を見積り、人口を推測する方法。
3. 郷数から推計する方法：「郷」とは当時の律令制での地方の最小行政単位である。村の先祖ともいえる惣村が成立するのは戦国時代を経てのことで、古代から中世は「郷」が地方行政単位であった。

澤田は60余州のすべてに対して、この「出挙稲」と課丁人口による2つの方法で人口を推計し、その2つの値がよく近似することを確かめている。ちなみに、澤田により10世紀の全国の人口は500〜600万と推計されている。これが現在でもなお、細かい修正点や批判は挙げられるものの、ひとつの定説として当時の日本人口とされている。

肝心の多摩の人口であるが、武蔵国の人口は、延喜・天暦の治で知られる延喜年間の出挙稲の記録から、

第 2 章　多摩地域の人口

　　延喜稲　1,113,800束÷8.5＝131,035
　また，第2の方法からは，
　　24,480課丁人数×5.34＝130,723
と計算され，10世紀の武蔵国全体で13万人程度ということになる。よって，多摩地域の人口は，3万〜4万人程度であろうと推定されるのである。現在の約400万人と比べると100分の1程度の人口密度になる訳である。

　さて，澤田は日本人口を求めたうえで，それを最小行政単位である郷の平均人口を『和名抄（倭名類聚抄）』に記載された郷数で割ることにより郷の平均人口を求めている。つまり，
　　5,650,000人÷倭名抄郷数 4,041＝1郷約 1,400人
となる。ところが，武蔵国の郷数は『和名抄』では119個であるから，
　　130,000÷119≒1,092
となり，郷の平均人口は日本平均をかなり下回っている。つまり奈良時代は畿内などに比べると坂東の地は後進地域であり，農業生産力等は相対的には低かったと推測されるのである。

▶1-2◀ 澤田推計の問題点

　ただし，この推計人口は，支配階級（貴族や武士化しつつある貴族）を含んでいないことに注意しなければならない。また，当時の政府が良民と呼んだ人口のみに重点を置いていることにも注意が必要である。当時の政府は課税しなかった人口を賤民と呼んだが，賤民人口は含まれていない。賤民人口は現存戸籍だけを基礎とすると，全人口の5％程度と推定されているが，これには，宮司・寺社・貴族の所有する奴隷が含まれていないので，数え漏れは10〜15％とい

う指摘もある。

第2節　近世の多摩の人口

　澤田の畢生の労作により、中世の多摩の人口はその概数を求めることが可能なのであるが、それ以降となると武蔵国はおろか日本全体の人口はほとんど正確な推定が不可能である。律令制の瓦解により、土着の武士による地方分権的な封建制のもとで、中央集権的な租税の集計がなされなくなると、澤田の方法は使えなくなる。

　また、南北朝の動乱から戦国時代前期にかけては人口を記した信頼できる資料が現存せず、多摩に限らず、江戸時代までの日本の人口は資料からは推測することができない。ただ、後北条氏は領国経営において人口調査をしたと伝えられており、その記録である『分国中人改』等の研究から、多摩の人口のより詳しい推定が可能かもしれない。しかし、これも古文書が読めない筆者にはできない研究である。

▶2-1◀　一人1石？

　明治の歴史地理学者である吉田東伍は、一人1石として（一人が1年に消費する米の量）として、1600年の頃の日本人口を約1,850万人と見積もった。以後、x人1石の見直し・修正はあるものの、17世紀の日本の人口の推計はこの方法に依存するものが多い。

　江戸期の武蔵国は、小藩20余りと旗本の所領が混在し、その総石高を知ることが困難であるし、また、現在の多摩地域の所領を丹念に追う能力が筆者にはないので、吉田東伍の手法は使えない。ただ、日本全体では奈良時代から江戸初期までに3倍程度の人口増があっ

たと推定されるから、単純な掛け算によれば17世紀初頭には多摩地域の人口は10万〜12万程度であったと思われる。武蔵国は40万〜60万程度の人口があったのではないだろうか。

この武蔵国の人口は、徳川氏による江戸開府により劇的な増加を見せることになる。ご存知のように世界でも当時稀な百万都市へと成長した江戸が武蔵国の人口増の主要な要因であった。さらにこれは主に移動という社会増によるものであった。ただし、多摩はこの江戸の成長とはそれほど関係がなく、日本全国と同じような人口成長を遂げたと推測できるであろう。

▶2-2◀ 享保の幕府人口調査

さて、ある程度信頼のおける人口の概数というものは、調査してみなければわからないものである。わが国が初めて人口調査を行ったのは、徳川吉宗が各藩に命じて人口を数えさせた1721（享保6）年である。その調査も現在の国勢調査のように実際に調査したのではなく、「宗門改帳」を数えあげた結果である。この数字が日本全体で約2,600万人である。これには、琉球と蝦夷の大部分が含まれていないし、澤田推計と同じように公家・武士などの支配階級等が含まれていない。とはいえ、支配階級はたかだか人口の1〜3％程度であろうから、実人口とそれほど大きな差があるわけではない。宗門改帳の記載漏れ等が大きいとして補正する者もいるが、ここでは幕府の資料を素直に受け取れば、17世紀初頭から100年程度の期間に日本全体で約1.41倍の増加率である。

武蔵国の1721年の人口は、約190万人と記録されている。江戸という都市の人口は、さまざまな理由からその把握は甚だ困難であ

る[1]が，120～130万人と想定すれば，多摩地域は武蔵国の他の部分である現埼玉県や神奈川県の一部と併せて60～70万人である。この4分の1とするなら，17.5万人程度である。江戸初期から享保までの全国の成長率1.41が適用されるなら14～17万人程度ということになる。江戸の発展の波及効果があると考えれば，多摩地域の人口は17万人も妥当な数ではないだろうか。しかし，20万人を超えることはなかったであろうと思われる。

▶2-3◀ 江戸中期から幕末へ

　江戸時代中期からは，日本の人口は停滞ないしは微減したといわれている。これは，1721年以降行われた幕府人口調査が示す傾向である。天明の飢饉（1782-1788）の最中の1786年の幕府人口調査では，享保6年の人口を数十万下回って2,508万人と記録されている。そして，異常気象を原因とする飢饉によるものと推測されるこの人口減は，多摩地域の人口にも影響を与えているようである。『多摩の歴史6　青梅市／奥多摩町／檜原村／五日市町／日の出町』（pp.128-130）には，享保以降に奥多摩各村が飢饉におちいった記録が列挙されている。それゆえ，ある程度の人口減が多摩地域にもあったと推定できよう。

　武蔵国の人口は，幕府人口調査に拠れば，文化元年（1804）には165万人へと減少している。これは，幕府が江戸から地方に人口を返した「人返し令」などの政策が大きな要因ではあろうが，多摩地域にも自然災害等による人口減があったと思われる。

　たとえば，後述する福生市は，大正9年の国勢調査時には5,031人であり，享保から大正9年までの人口増加率1.859から逆算する

と享保には2,700人程度の人口であったはずである。ところが,『多摩の歴史4』(pp.180-181)からは,福生村＋熊川村(合併して福生市となる)で明治20年でも2,300人を超えない。文政の頃(1818)の『風土記稿』に記載された家数(222＋134軒)×5.5＜2,000から考えても[2] 多摩地域の江戸後期の人口には減少傾向が認められる[3]。

19世紀になると,日本の人口は再び増加に転ずる。武蔵国の人口は,1872(明治5)年には194万人が記録されている。日本全体では,3,311万人程度へと増加している。享保から1.27倍の増加である。多摩地域の人口も20万人程度へと増加したのであろう。

第3節　明治から第二次大戦終了まで

▶3-1◀　昭和初期まで

幕末から増加していた日本の人口は,明治以降,大正・昭和の期間で急速に膨張し,東京への人口集中が進むことになる。しかし,東京中心部同様の人口増が多摩地域に起きていた訳ではない。

ご存知のように,大正9(1920)年に第1回国勢調査が実施されている。この精度が極めて高かったといわれている調査の結果では,東京府の人口が3,699,428人(大正9年調査での数値)であり,東京市が2,173,201人である。差し引き150万人程度が東京市外の人口ということになるのである。一見,多摩地域も爆発的に人口成長していたことをうかがわせるように思える。

だが,1920年当時の東京市は麹町区・神田区・日本橋区・京橋区・芝区・麻布区・赤坂区・四谷区・牛込区・小石川区・本郷区・下谷区・浅草区・本所区・深川区の15区であり,同年4月にようやく内藤新宿町を四谷区に含んだのみである。つまり,この時の東京

図 2 − 1 多摩地域の歴史

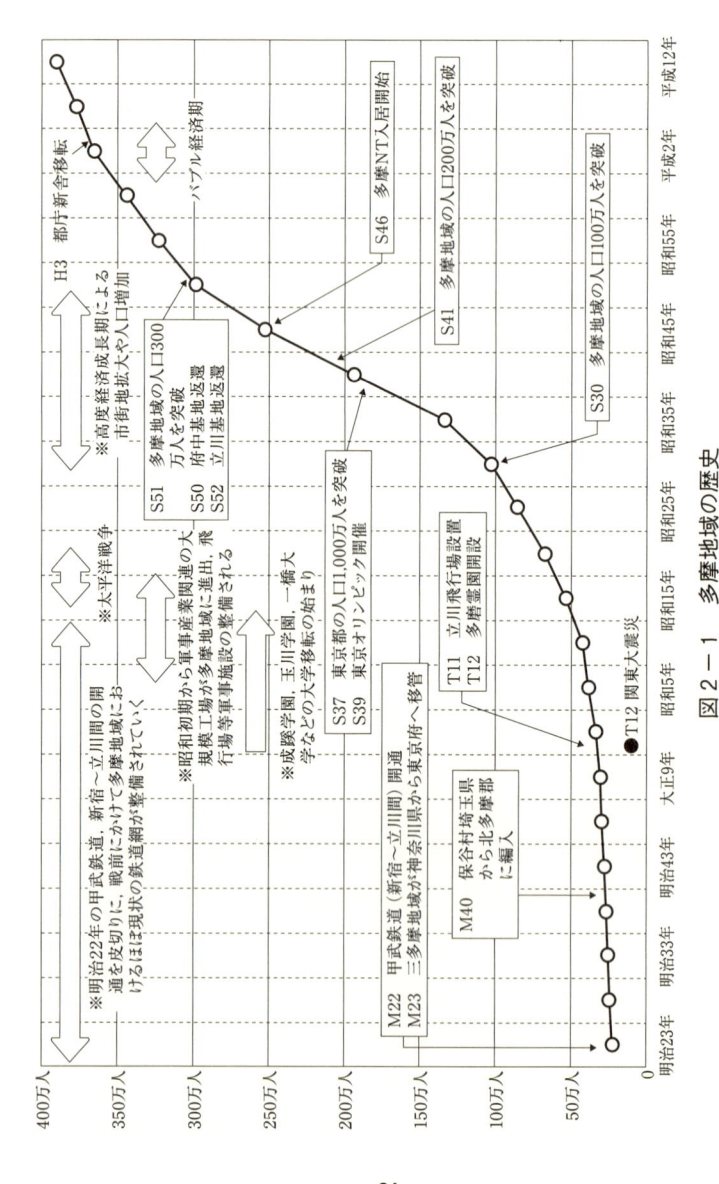

※明治22年の甲武鉄道、新宿〜立川間の開通を皮切りに、戦前にかけて多摩地域における現状の鉄道網が整備されていく

※太平洋戦争

※昭和初期から軍需関連の大規模工場が多摩地域に進出。飛行場等軍事施設の整備される

※成蹊学園、玉川学園、一橋大学などの大学移転の始まり
S37 東京都の人口1,000万人を突破
S39 東京オリンピック開催

※高度経済成長期による市街地拡大や人口増加

※バブル経済期

H3 都庁新舎移転

S46 多摩NT入居開始

S41 多摩地域の人口200万人を突破

S30 多摩地域の人口100万人を突破

S51 多摩地域の人口300万人を突破
S50 府中基地返還
S52 立川基地返還

T11 立川飛行場設置
T12 多摩墓園開設

T12 関東大震災

M40 保谷村埼玉県から北多摩郡に編入

M22 甲武鉄道（新宿〜立川間）開通
M23 三多摩地域が神奈川県から東京府へ移管

400万人
350万人
300万人
250万人
200万人
150万人
100万人
50万人
0

明治23年　明治33年　明治43年　大正9年　昭和5年　昭和15年　昭和25年　昭和35年　昭和45年　昭和55年　平成2年　平成12年

出所）東京市町村自治調査会『「住民自治」の拡充に向けて』（2005）（第1章筆者修正）

34

第2章　多摩地域の人口

図2−2　昭和初期の聖蹟桜ヶ丘（多摩聖跡記念館：多摩市連光寺 2199）
出所）http://homepage3.nifty.com/kindaikenchiku-yuuho/sakusaku/1_9.htm

市は現在の23区の4分の1程度の面積しかなく，中野区・世田谷区・大田区・江戸川区・葛飾区・足立区等を含んでいない。そこで，八王子市・西多摩郡・南多摩郡・北多摩郡の人口を合算すると316,103人である。したがって，1920年には31.6万人程度である。明治初期から約1.58倍の増加であり，日本全体で明治5年からの約1.69倍よりも低い増加率である。

　大正14（1925）年の国勢調査から，八王子市・西多摩郡・南多摩郡・北多摩郡の人口を合算すると，352,314人である。この昭和初期までの多摩は，ほとんど見渡す限り田畑と森林であり，人家は点々と散在していたのである。

　多摩地域の開発が，昭和初期から軍需産業を中心として着手されたことを考え合わせると，多摩地域は，昭和初期までは，日本の農村地域の人口成長とほぼ同じような増加率で人口増加してきたと考えるべきであろう。

▶3-2◀ 昭和初期からの飛躍

　昭和初期から多摩は飛躍的な発展が始まるのである。陸海軍の航空基地の建設と，内陸部に軍需工場を移転しさらに発展させようと

いう政府の政策が，現今の多摩の発展の基礎を築いた。このことは第1章で理解されたことと思うが，軍事基地と軍需工場で働く人びとの流入により多摩地域の人口は増加し始める。

東京府の行政区画が現在の23区制に近似したのが1932年であるが，昭和10（1935）年の国勢調査では，八王子市＋郡部で55万人を超えている。10年間で約20万人の人口増があった訳である。昭和15年には57万人を超えている。昭和22年の臨時国勢調査では，多摩の市部と郡部の人口が78万人超であることを考えると，戦争経済下に人口集中が進んだことがわかる。

もちろん，1944年後半からは軍需工場を目標にしてアメリカ軍の戦略爆撃が開始され，多摩地域は深刻な被害をこうむり多くの人命を失ったのである。八王子市は軍需工場が無いにもかかわらず，終戦間際に大規模な空襲を受けて市街は灰燼と帰している。しかし，

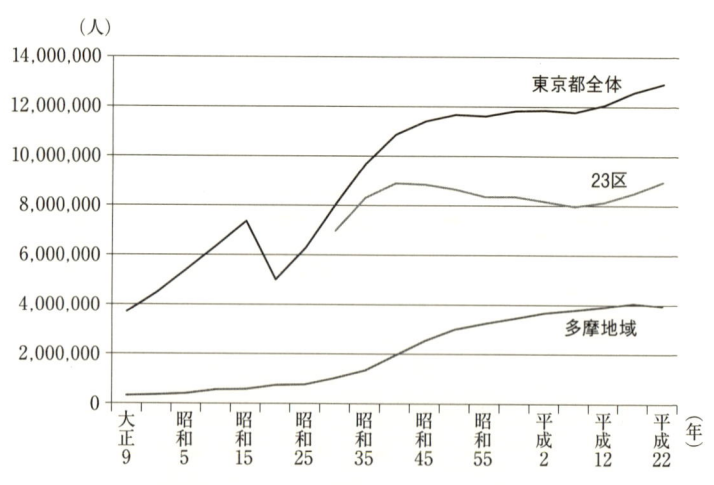

図2－3　国勢調査から見た東京都の人口と多摩地域の人口の推移

第2章 多摩地域の人口

これらの戦争という巨大な暴力も多摩地域の人口には大きな変化を与えなかった。むしろ軍需産業で培った技術基盤を平和的に使用す

表2-1 国勢調査から見た東京都の人口と多摩地域の人口の推移

(単位：人)

年		東京都（府）	23区	多摩地域
大正9	1920	3,699,839[1]	3,350,630	316,103
大正14	1925	4,485,144		352,314
昭和5	1930	5,408,678	4,970,839	402,723
昭和10	1935	6,369,919		553,746
昭和15	1940	7,354,971	6,778,804	576,167
昭和22	1947	5,000,777	4,177,548	784,546
昭和25	1950	6,277,500	5,385,071	892,429
昭和30	1955	8,037,084	6,969,104	1,027,380
昭和35	1960	9,683,802	8,310,027	1,335,094
昭和40	1965	10,869,244	8,893,094	1,940,558
昭和45	1970	11,408,071	8,840,942	2,534,644
昭和50	1975	11,673,554	8,646,520	2,994,554
昭和55	1980	11,618,281	8,351,893	3,234,593
昭和60	1985	11,829,363	8,354,615	3,441,161
平成2	1990	11,855,563	8,163,573	3,659,654
平成7	1995	11,773,605	7,967,614	3,773,914
平成12	2000	12,064,101	8,134,688	3,901,773
平成17	2005	12,576,601	8,489,653	4,058,204
平成22	2010	12,917,131	8,945,695	3,943,621

1) 昭和5年国勢調査に記載されている数値である。
＊23区及び多摩地域人口は国勢調査の数値をもとに筆者が集計したもの。大正9年から昭和5年は八王子市と三多摩郡を足し合わせている。昭和10年は東京府の総人口から東京市の人口を引いて八王子市を足している。昭和15年は郡部人口と八王子市を足している。昭和22年は八王子市と三多摩郡と立川市を足している。昭和25年は八王子市と三多摩郡と立川市と調布市を足している。それ以降は、東京都総人口から23区人口と島しょ部の人口を引いて計算している。

ることにより，多摩地域は高度経済成長期に機械工業地域として飛躍することになるのである。

　昭和25年の国勢調査では，多摩地域の人口は昭和22年よりも増加し89.2万人である。

　それから急速に増加し，約50年間で4倍以上の400万人までに成長するのである。もちろん，それは東京のベッドタウンとしての宅地開発により多くの人が移住してきた結果である。それとともにさまざまな社会問題も付随したことは，他の章で詳しく説明されることと思う。

　昭和40年から平成7年までは，23区人口が減少した期間であるが，その間（特に1970年代）に多摩地域の人口がいちじるしく成長した。バブル期，バブル崩壊期とその成長は次第に鈍化し，2000年以降東京都心の人口増と対照的に平成17年の405万人超をピークに平成22年には減少に転じている。多摩地域の人口成長の時代は終わったのである。

第4節　多摩地域の将来人口

　多摩地域の人口は，全体としては今後減少に向かうことは明らかである。問題はその減少のペースがどの程度であるかということ，及び，地域的な差異を把握することである。

▶4-1◀　将来の人口を計算することは

　将来の人口を計算することをわが国では「将来人口推計」と呼んでいるが，これは正しい呼称ではない。「推計」の英語は Estimation であり，将来人口推計 ≒ Estimation of future population とな

る。一方，世界的には Projection of future population が使用されている。厚生労働省国立社会保障・人口問題研究所の Web ページの English 版でも，Projection が使用されている。将来の人口の計算には，コウホート要因法もしくはコウホート変化率法が使用されるのが標準的であるが，これはいかなる意味でも「推計」ではない。

これは，単なる言葉の問題ではない。統計学的には，「推計：Estimation」とは，存在する真の値（母数）を何らかの方法で推定することを意味している。過去の人口は推計すべき対象であるが，将来の値はあくまで不確定であり，推定すべき母数など何処にもない。コウホート変化率法などの標準的な方法は，ある変化を仮定したら将来の人口がどう変化するかを示したものである。これを「投影：Projection」というのは極めて妥当である。現在用いられている標準的な方法に対して，当たり外れをいうことが如何に的外れなことかを理解されたい。

▶4-2◀ 多摩の3地域の将来人口

多摩地域の将来人口を標準的な方法で計算することは，多摩地域の各市町村の将来人口をコウホート変化率法によって計算し，その結果を足し合わせることである。これは，煩雑であり労多くして功少ないと思われる。しかも，多摩地域での人口の変化は決して均一ではなく，地域間の差がかなり大きい。そこで，多摩地域の3市町村を選択してその投影計算を行って将来の推移を検討したい。

国立社会保障・人口問題研究所（以降，社人研と略記）は，コウホート要因法を用いて将来人口の投影計算を実施しているので，それと比較してみるのもまた一興であろう。

1 コウホート変化率法

コウホート変化率法を実施するためには，最低限以下の3つのデータが必要である。

① 2時点間の男女別年齢別人口
② 出生に対する仮定－婦人子ども比（Child-Woman Ratio），TFRなど
③ 出生性比

① 2時点間の男女別年齢別人口としては，社人研は基準人口として2010年の国勢調査の5歳階級別データを用いるが，本投影では，最近の2年間の1歳刻みの住民基本台帳人口を用いる。

② 婦人子ども比は，最近は子ども女性と訳されることも多いが，出生児数（0歳児人口）を計算するために必要な数値で，その地域の出生力の水準を示す指標である。基準年の値を用いている。

③ 出生性比とは，生まれた子ども数を男女に振り分ける比である。本投影では，とくに断らない限り105を使用している。

2 福 生 市

筆者は，2013年度に実施された福生市人口プロジェクトで，福生市役所の職員と一緒に将来人口の投影計算を行った。ここではその結果をもとに最新の投影結果を示しておきたい。

2014年1月の住民基本台帳人口と2015年1月の住民基本台帳人口をもとに投影した結果が，図2－4である。

人口の減少テンポは，かなり急速である。このままの減少テンポでは2050年には4万人を割ってしまう。福生市は，人口減少が比較的早く始まった東京の自治体である。この人口減少は，多摩地域も西の方ほど急速に進展する傾向があると推測される。

第 2 章　多摩地域の人口

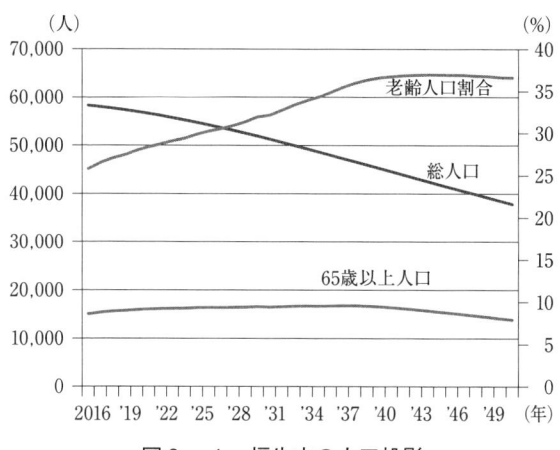

図 2 − 4　福生市の人口投影

③ 八王子市

　八王子市は，2012年 3 月〜2013年 3 月までの傾向（図 2 − 5 ）と，2013年 3 月〜2014年 3 月の傾向（図 2 − 6 ）が激変している。社人研の平成22（2010）年国勢調査人口とコウホート要因法による投影でも，鈍化はあっても八王子市の人口増が計算されていることから，2013〜2014年の間に純移動がマイナスに変化したことが推測される。しかも，これはかなり劇的な人口のマイナス化かもしれない（国勢調査人口を参照しないと確定的なことはいえないのであるが）。

　八王子市は，多摩西部の中心的な存在であり，60万近い大きな人口を抱えている。それもかなり大きな空間に分布した人口である。これまで増加傾向にあった，八王子市の人口も，ごく近々に減少過程に入ったものと推測される。つまり，多摩西部の人口減少の傾向は，この大きな人口にも顕在化してきたといえよう。また，このま

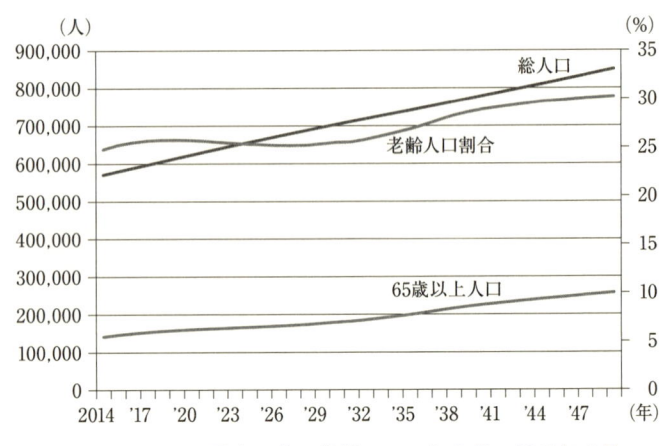

図2-5　八王子市の人口投影　2012年3月—2013年3月

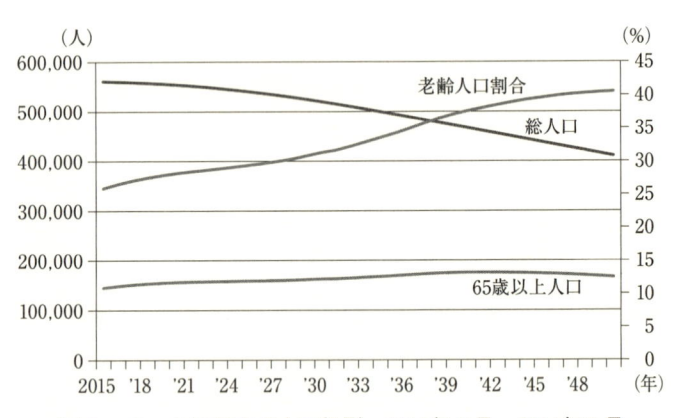

図2-6　八王子市の人口投影　2013年3月—2014年3月

第 2 章　多摩地域の人口

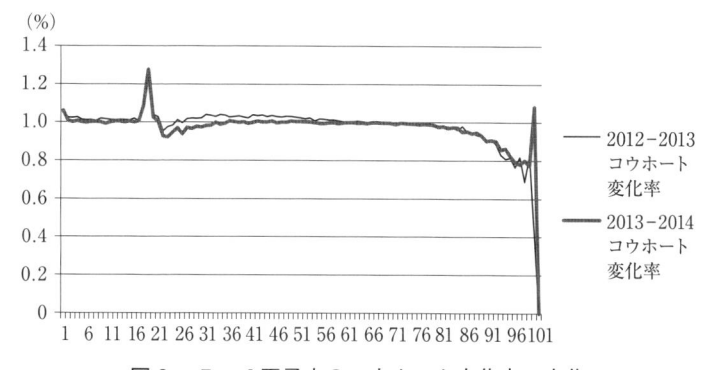

図 2 － 7　八王子市のコウホート変化率の変化

ま推移すると老齢人口（65歳以上人口）の占める割合も，2050年には 4 割超となってしまう。

　この劇的な投影人口の差も，20代から40代のコウホート変化率がかなり微妙にプラスからマイナスに変化した結果である。

　出生力は既に当然自然減状態なので，純移動がどの時点でどの程度のマイナスに転ずるのかが今後の各自治体の人口の変化に重要な要素となる。

④ 稲 城 市

　稲城市は，図 2 － 8 からわかるように，目下のところ純移動がゼロ近辺でもプラスと推測される自治体である。しかし，出生力は置き換え水準以下なので，長期的な人口減少は避けられない（図 2 － 9 ）。

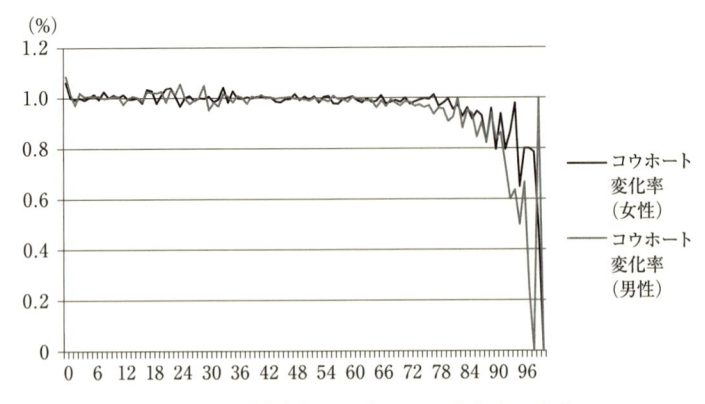

図2-8　稲城市のコウホート変化率の変化

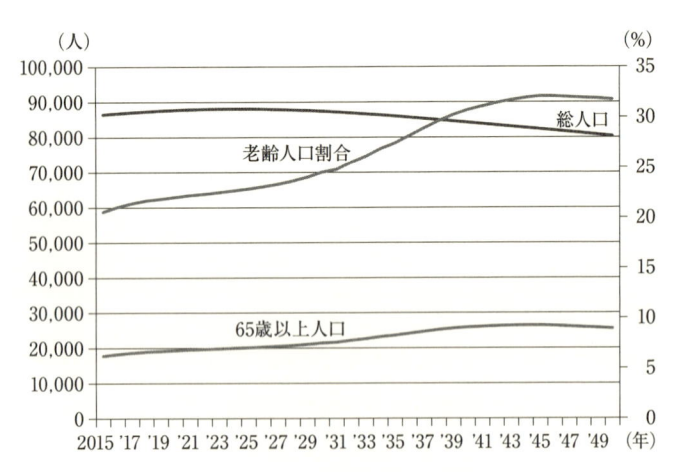

図2-9　稲城市の人口投影

第2章 多摩地域の人口

▶4-3◀ 多摩地域の人口減少

多摩地域の人口減少は，移動要因による減少がいちじるしい西の方からすでに始まっており，自然減が人口減少の主要因である多摩地域の東側でも，遅くとも2030年には始まることになるだろう（移動減がより早く作用する可能性もある）。

大雑把にみて，2040年には現在人口の70〜80％程度に減少していてもおかしくはない。多摩の人口は，今後20年間で300万程度までに低下するのは避けようもない。この予想が外れるためには，出生力の回復ないしは都心回帰傾向のターンオーバーが必要である。

第5節　人口減少のもたらすもの
―帰園田居―

多摩地域の人口減少は不可避である。日本全体の人口減少も同様に不可避である。しかし，悲観する必要はない。1920年に5,539万人に過ぎなかった日本人口が，100年足らずで倍以上の12,000万人

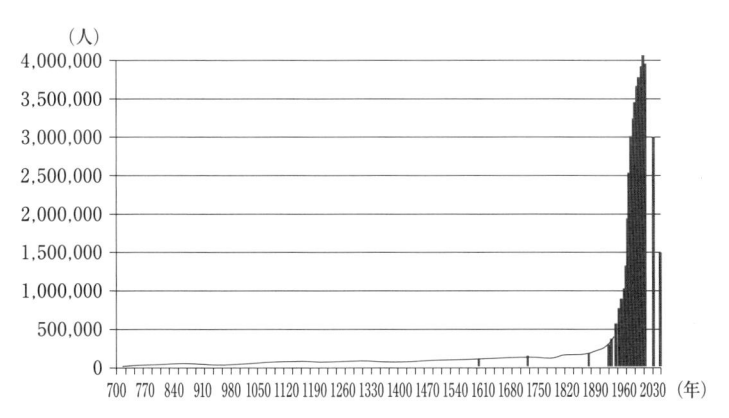

図2-10　奈良時代からの多摩地域の人口の推移と予想

以上に膨張したこと自体が異常であったのである。1920年時点で32万人程度でしかなかった多摩地域の人口は，現在10倍以上に増加した。これが，ゴミ問題や多くの環境破壊の元凶である。われわれ自身が環境破壊の原因なのである。これが修正されることは，悪化しつつある地球環境を鑑みれば，長期的には望ましいことである。

果てしない成長という悪夢に囚われる必要はない。不必要な住宅地は，農地や里山に還すべきである。明治・大正の人口規模でもわれわれの祖先は生きてきたのである。われわれもまた営々と生きていくことであろう。

■ 注 ■
1）江戸という都市の広がりがなかなか人口と対応して確定できない。
2）世帯当たり人口を5.5としている。少なすぎると思われるかもしれないが，歴史人口学では概ね妥当とされる値である。
3）もちろん享保のころの多摩地域の人口を17万人と推定していることが過大だという可能性も大きい。江戸期の歴史資料から多摩地域の人口を推定することは困難であるという感慨だけが残る。

■ 参考文献 ■
大場磐雄監修『多摩の歴史1』～『多摩の歴史7』武蔵野郷土史刊行会・有峰書店（共同発行），明文社（発売元）（1975）
鬼頭宏『人口から読む日本の歴史』講談社（2000）
澤田吾一『奈良朝時代民政経済の数的研究』（昭和47年復刻版）柏書房（1927）
鈴木芳行『首都防空網と〈空都〉多摩』（歴史文化ライブラリー358）吉川弘文館（2012）
速水融監修『国勢調査以前日本人口統計集成』原書房（1992）
国勢調査のデータは，http://www.stat.go.jp/data/kokusei/2010/#kako から主に用いていますが，場合によっては，紙の記録も使用しています。

第2章 多摩地域の人口

Chapter 2
Population Alteration of the Tama Area

Shuichirou IKE

This chapter argues the population alteration of the Tama area from the Nara era (8th century) to the present period, and projects the area's future population. Based on Goichi Sawada's elaborate research, I estimate the population of the Tama area in the 8th century ranged from 30,000 to 40,000. In the 17th century, the population of this area is estimated to have grown from 100,000 to 120,000. In the Edo era (from the 17th to the mid-19th century), it grew very slowly and gradually, but by the end of this era growth increased rapidly, and the speed of growth is assumed to have remained in line with the national average. At the beginning of the Showa era, the foundation of military industries led to the start of the population explosion of the Tama area. This population expansion ended by the beginning of the 21st century. Since around 2010, the population of the Tama area has been decreasing. I conjecture that it will be not more than 3,000,000 by 2050, using my calculation of the projection and other speculations.

第3章
多摩地域の環境問題
―緑地保全とゴミ問題―

大浦　宏邦

　多摩地域の大学に入学して，緑の多い環境にほっとした人も多いだろう。他方，ゴミの分別の細かさやゴミ収集が有料であることに驚いた人もいるかもしれない。この緑の多い環境は，偶然の産物ではない。多摩地域では，1960年代に人口が急増し，多くの緑地が開発によって失われてきた。現在の緑はその中で行われてきたさまざまな保全活動によって残されてきたものである。ゴミの量もこの間に急増し，最終処分場不足が深刻になっている。分別の強化や収集の有料化はゴミ減量の取り組みとして進められてきたものである。多摩地域の環境問題の例として，こうした緑地保全やゴミの問題についてみていくことにしよう。

第1節　武蔵野の自然環境

　多摩地域は気候の温暖な暖温帯に属し，シイ，カシなどの常緑樹林が自然な植生だと考えられている（佐々木　1973）。明治神宮の森は大正時代に造営されたが，この自然植生を意識してつくられたものだ（明治神宮社務所編　1999）。平安時代には馬の飼育のためススキ野が広がっていたが，江戸時代には武蔵野に玉川上水が引かれ，新田の開発が進められた。このとき肥料や燃料の供給源として，成

長の速いコナラやクヌギなどの落葉樹が、屋敷地の近くに植えられている。これらの落葉樹の林が、いわゆる雑木林である。雑木林の落ち葉や下草からは堆肥がつくられ、10数年おきに伐採された木材からは薪や炭が生産された。

　伐採された切り株からは多数の萌芽が生じた。数年後、数メートルに成長した萌芽から2、3本を残してあとを刈り取る作業が、昔話のおじいさんが行う「柴刈り」である。残った萌芽は10年ほどで10数メートルに成長し、再び薪炭の材料として伐採された。このサイクルは萌芽更新と呼ばれ、武蔵野の雑木林が維持される基本メカニズムとなってきた。

　雑木林を伐採しないと、林床ではシイやカシなどの常緑樹が次第に育ってくる。これらは、日当たりの悪い林の中でも育つことができる陰樹だからだ。一方、クヌギやコナラの稚樹は日当たりの悪い所が苦手な陽樹で、林の中では成長できない。百年ほど経つとクヌギやコナラは寿命がきて倒れ、そのあとをシイやカシの常緑樹が継ぐことになる。このため、関東地方の雑木林を放置すればシイやカシの林に移り変わっていく。このプロセスを押しとどめて、雑木林を維持するメカニズムが定期的な伐採による萌芽更新だったのだ。

　雑木林は四季の変化に富み、人びとの目を楽しませてくれる。春には林床でカタクリやフクジュソウが花を開き、初夏には新緑が美しい。夏にはカブトムシやクワガタがクヌギの樹液を吸い、秋にはドングリが子どもたちの人気の的となる。冬の青空に凛と枝を伸ばした木々の姿も格別だ。雑木林の風景は、日本の里山の大事な構成要素であったが、高度経済成長とともに雑木林を維持していたサイクルは変化を余儀なくされていった。

第3章　多摩地域の環境問題

第2節　高度成長と緑地の減少

　1960年代の高度経済成長期に安い原油が輸入されるようになると，薪炭の生産は減少していった。一般の農家でも石油や電気が普及し，薪炭は使われなくなっていったのだ。いわゆる燃料革命である。同時期に化学肥料が導入され堆肥の生産も減っていった。江戸時代以来，薪炭や堆肥の供給源となってきた雑木林は経済的な役割を終えることになる。

　その後の雑木林には2つの運命が待っていた。ひとつは宅地化である。多摩地域は東京都心のベッドタウンとなり，多摩ニュータウンなどの大規模な宅地開発が行われた。高畑勲監督の『平成狸合戦ぽんぽこ』(1994年)には，この時期の宅地開発で多くの里山が失われていくさまが描かれている。他方，宅地化されなかった雑木林は放置され常緑樹林化していった。また，アズマネザサなどの下草が茂りやぶになるところも現れた。常緑樹の森は武蔵野の自然植生ではあるが四季の変化や生物の多様性に乏しく，やぶ化した森はゴミの不法投棄や犯罪の温床になるおそれがある。

　この過程をもう少し詳しくみてみよう。多摩地域の人口は1955年の99万人から1975年の299万人へと約3倍に急増した（「多摩地域データブック」より）。この時期には宅地不足が社会問題となり，農地や緑地の宅地化を促進する政策がとられた。たとえば，市街化区域内の農地や緑地には，宅地並みの固定資産税や相続税がかけられた。宅地の固定資産税は農地の100倍ほどであり，多くの農地や緑地が宅地や商業施設へ転換されていった。

　1970年代に人口増が一段落すると住環境の改善についての要望が

出されるようになり，1974年に生産緑地法が制定された。これは，首都圏や近畿圏の農地や緑地が生産緑地に指定されると，市街化区域内であっても固定資産税が通常の農地並みになる制度である。生産緑地は使途が限られ，所有者の存命中は30年以内は原則指定解除されないが，固定資産税が宅地の100分の1程度になるため多くの土地が指定を受けた。読者も「生産緑地」の札の立った農地を見かけることがあるだろう。この時期，緑地の減少は下げ止まっている。

しかし2000年代に入ると図3－1のように緑被率やみどり率の減少が再び目立つようになってきた（「東京都環境白書」より）。これは，この時期に相続が増えたことが関係している。生産緑地の所有者が死亡した場合，指定が解除され土地が相続されることになる。農業を継ぐ人がいなければ，このときに宅地化されるケースが多い。

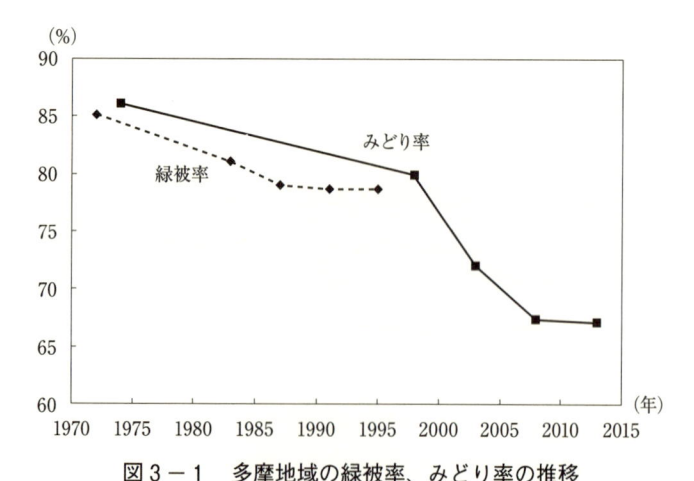

図3－1　多摩地域の緑被率、みどり率の推移

緑被率は樹林、草地、農地、園地など緑で覆われた面積の割合。みどり率は緑被率に水面と公園の非緑地面積の割合を加えた値。
出所）『東京都環境白書』2000-2014より作成

後継者がいる場合でも相続税が宅地並みとなり,数億円規模の相続税を支払うためにやむなく売却されるケースも増えてきた。

第3節　倉沢緑地の場合

　倉沢緑地は,日野市の南東にある4ヘクタールほどの緑地である。帝京大学からも近く,学生と見学に訪れたこともある。クヌギやコナラの雑木林が広がり,初夏にはホタルも飛ぶ美しい緑地だが,ここでも2001年に相続が発生し,宅地化が検討された。

　しかし,ここは市内でも有数の緑地であり地権者側は日野市に緑地を買い上げて保全することを要望した。これに対し市側が買い上げ費用と緑地管理のコストの面で難色を示したため,地元側は管理を地元のボランティアが行うことを提案した。これを市が受け入れて地元側と協定を結び,地元のボランティア団体「倉沢里山を愛する会」が緑地の保全活動を行う形で倉沢緑地の市有地化が実現した（同会HPと聞き取りによる）。

　「倉沢里山を愛する会」は,緑地に隣接する市民農園の利用者を中心に2000年4月に結成された約100名の団体である。月2回程度,下草刈りや落ち葉かき,枝切りなどの活動を行っている。そのあとはバーベキューなどの野外料理を楽しみ,地域の交流の場ともなっている。2014年度後半には鉄板やきそば,いも煮,参鶏湯風スープ,鮭の粕汁といった献立が並び,楽しそうな光景が見られた。下草や落ち葉からつくった堆肥は市民農園で使われ,江戸時代の物質循環が一部復活している。また,薪炭材としての伐採も行っていて,学生と見学にいった際には,萌芽更新された株をみせて頂いた。

第4節 雑木林の手入れとボランティア

前述のように,雑木林を放置すると常緑樹林化したりやぶになったりしてしまう(図3-2)。こうならないためには,下草刈りや落ち葉かき,枝うち,つる切りに加えて定期的な間伐,伐採といった手入れが必要である(中川 2003)。これらを行政だけで担うことは困難で,倉沢緑地以外でもボランティアが管理作業を行うケースがみられる。たとえば,都立桜ヶ丘公園では1991年から雑木林ボランティアが「こならの丘」の管理を行っている。

こうした雑木林ボランティアに参加する動機としては野外活動や健康づくり,共同作業の楽しみ,森から必要とされる実感,生きがいといったものがあげられる(武内 2001)。これらが,燃料革命以前の経済的動機に代わって雑木林を管理する原動力となっているといえる。こうしたボランティアの力や行政,地権者の努力によって今みられる多摩地域の緑は保全されてきたのである。

もちろん,ボランティアによってすべての雑木林が保全できるわけではない。今後は,緑地保全への関心を高めるとともに,貴重なボランティア

図3-2 放置されて荒れた雑木林
出所)筆者撮影

第3章 多摩地域の環境問題

の力をシンボリックな雑木林の保全にあてて憩いと自然教育の場とし，一般の緑地はやぶ化しない形で常緑樹林に誘導していくといった工夫が必要となるであろう。

第5節　多摩地域のゴミ問題

60年代に多摩地域の人口が急増すると発生するゴミの量も急増することになった。2013年には，年に111万トンの一般廃棄物が排出されている（「多摩地域ごみ実態調査」より）。これらのゴミは，中間処理をされて日の出町にある二ツ塚最終処分場に埋め立てられているが，この次の最終処分場の目処は立っていない。このため，多摩地域ではさまざまな方法でゴミの減量化が試みられている。最終処分場の容量に厳しい上限があるところに多摩地域のゴミ問題の大きな特徴がある。

60年代には多摩地域のゴミは多摩川の砂利穴に投棄されていた。当時は，生ゴミも焼却されずにそのまま埋め立てられていたため，夏場には悪臭や害虫が発生し地元ではゴミ投棄への反対運動が起きた。東京23区のゴミも当時は未焼却で江東区の「夢の島」に埋め立てられ，こちらでもゴミ搬入に反対運動が起きていた。これは，やがて「東京ゴミ戦争」と呼ばれる杉並区と江東区の対立に発展したが（中村　2011），その過程で各区には可燃ゴミの焼却工場が設置され，最終処分場には焼却された灰が埋め立てられるようになっていった。

多摩地域でも1970年代に各自治体で焼却工場の設置が進み，可燃ゴミが焼却処分されるようになった。この焼却灰を埋め立てる最終処分場が1980年に羽村市に建設され，地元は4年間の期間限定でこ

れを受け入れた。この最終処分場の設置と管理のため，多摩地域の自治体は「東京都三多摩地域廃棄物広域処分組合」(2006年に「東京たま広域資源循環組合」に改称)を設立した。羽村処分場はワンポイントリリーフであり，広域組合はより長期的な最終処分場を必要とした。その候補地が日の出町だったのである。

　日の出町でも最終処分場設置に反対する動きがあったが，日の出町と広域組合が公害防止協定を締結し，年3億円（2010年からは年10億円）の地域振興費の拠出が約束されたこともあって1984年に谷戸沢（やとざわ）最終処分場が建設された。谷戸沢処分場の稼働は1996年までとされ，その上流に第二処分場として二ツ塚処分場の建設が予定された。ところが，1992年に谷戸沢処分場からの汚水の流出が報じられ，広域組合側が水質データの開示に応じなかったこともあって地元の反対運動が再燃した。

　反対派は，第二処分場の予定地に土地を取得して抵抗するトラスト運動を展開した。谷戸沢処分場の埋め立て終了が迫っていた広域組合側は1998年に土地の強制収用を申請し，2000年に行政代執行によって反対派の拠点を撤去した。こうして1998年に稼働を始めたのが二ツ塚最終処分場である。

　二ツ塚処分場は，2014年ごろまでの予定で埋め立てが開始されたが，このような建設の経緯のため第三処分場の建設は大変困難と考えられている。そこで，二ツ塚処分場を延命させるために多摩地域の自治体はゴミの大幅な減量に取り組むことになった。

第6節　ゴミ収集の有料化と資源化の進展

　2015年現在，多摩地域の26市3町1村のうち21市2町でゴミ収集

第3章 多摩地域の環境問題

の有料化が実施されている。これはゴミを減らすことに経済的な動機付けを与える政策で、多摩地域では1998年に青梅市で最初に導入された。その後、日野市が続き、2004年には一気に6市、2005年には3市で導入されて過半数の市町に達した。

有料化を導入した市町数とゴミの収集量との関係をグラフ化すると図3-3のようになる。可燃ゴミ、不燃ゴミが一貫して減る一方で、資源ゴミが増えている。資源ゴミは古紙、古布やビン、カン、ペットボトルなどの容器包装ゴミのようにリサイクルできるゴミで、これらの分別が進んできていることが分かる。

2001年から2003年にかけて可燃ゴミの減少が一時減速しているが、2004年、2005年に有料化が進展すると再び減少が加速し、資源ゴミが増えた。資源ゴミの分別には手間ひまがかかるので、啓発活動だけで徹底することには限界がある。ゴミ収集が有料化されると資源ゴミを分別して可燃ゴミを減らすことが得になるため、啓発のみで

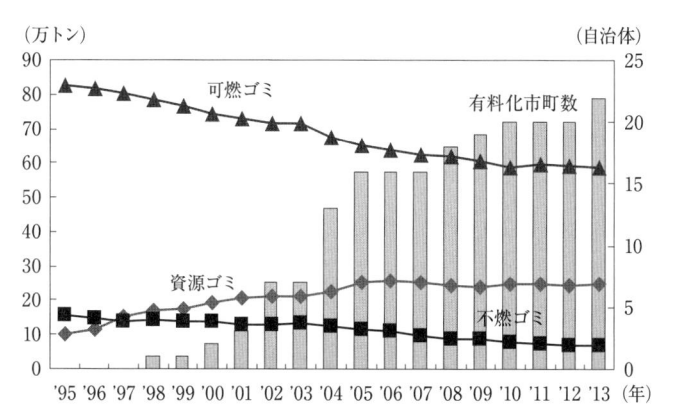

図3-3　多摩地域のごみ収集量と有料化導入市町数の推移

出所)「多摩地域ごみ実態調査」より作成

は積極的でなかった人にも分別が浸透してきたのであろう。

2006年以降も可燃ゴミ,不燃ゴミは減っているが資源ゴミは増えていない。この時期は,分別が進むだけではなくゴミの発生自体が減ってきている。ゴミの減量にはリデュース(発生抑制),リユース(再利用),リサイクル(再生利用)の3R(スリーアール)が有効であるが,資源ゴミの分別(=リサイクル)だけではなく,リデュースやリユースも進展しつつあるようだ。

第7節　最終処分量の変化

最終処分量は,図3－4のように変化している。可燃ゴミを焼却してできる焼却灰の処分量は,2005年まで年10万～12万トンの範囲で推移していたが,2006年から急激に減少し年3千トン程度になっている。また,不燃ゴミ残さの最終処分量も大きく減少している。

焼却灰については,2006年に焼却灰からセメントをつくる事業が

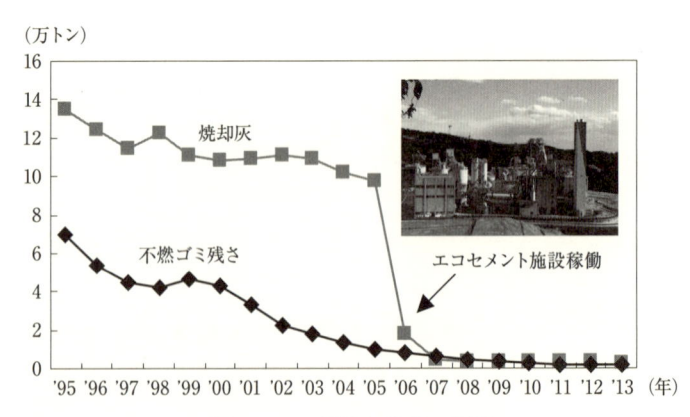

図3－4　最終処分量の推移

出所)「多摩地域ごみ実態調査」より作成

第3章　多摩地域の環境問題

開始されたことが大きい。焼却灰に石灰石を混ぜて1,300度の高温で焼くとセメントクリンカーという物質が出来る。これを砕いて石膏を加えるとセメントになる。これは，通常のセメントと同様に利用できるもので「エコセメント」として販売されている。写真は，二ツ塚処分場に建設されたエコセメント施設を，馬引沢峠を通るハイキング道から撮影したものだ。

　不燃ゴミは収集後，破砕，選別，焼却の中間処理を経た上で最終処分される。不燃ゴミを焼却するとは不条理に思えるが，不燃ゴミから金属などを取り除くと焼却できる部分が約半分含まれているのである。この不燃部分を取り除く工程が破砕，選別である。15cmほどに破砕された不燃ゴミから鉄を磁石で回収し，電磁誘導の原理でアルミニウムを弾き飛ばす。これらを資源として再生利用する。不燃ゴミの大きな部分を占めていたプラスチックは，800度以上の高温でダイオキシンを分解する方法で焼却されるようになってきた。こうした中間処理技術の進展によって，不燃ゴミ残さの最終処分量も減少している。

　これらの対策で最終処分場不足は大きく緩和してきているが，そのために多額の費用が投入されている。循環組合の「エコセメント事業の概要」によるとエコセメント工場の建設費は272億円で稼働コストは年26億円とされている。このコストは循環組合が負担し，多摩地域の自治体が人口に応じて分担金を払うため，結局は住民が負担することになる。償還期間を20年として稼働コストを加えて400万人の人口で割ると一人年1,000円弱をエコセメント事業のために負担している計算になる。ゴミ減量を進めることでこの負担を減らしていくことが今後の課題と考えられる。

第8節　他地域との関連

　多摩地域に限らず全国各地の自治体でゴミの減量に取り組んでいるところは多い（服部　2010）。札幌市や仙台市では，ゴミの焼却施設を減らすために可燃ゴミの減量に取り組んだ。名古屋市は，藤前干潟を最終処分場とする計画を生態系保全のため断念したことでゴミ減量を進めた。今後，他地域でも最終処分場不足が進んでいくとすれば，多摩地域の取り組みが参考になる点は多い。とくに，リサイクルに比べてリデュースやリユースは，少ない費用で大きな削減効果が期待できる。たとえば，食事の作りすぎを抑えたり，包装の少ない製品を買ったり，保冷水筒を携行してペットボトルの購入を減らしたりすれば，生ゴミやプラスチックゴミの発生を減らすことができる。これらは，リデュース（発生抑制）の例だが，多摩地域にはこれらに取り組むNPO団体が数多くみられる。こうした試みが軌道に乗れば，他地域にとっても大いに参考になるであろう。

■ **参考文献** ■

「倉沢里山を愛する会」
　http://www.alice-fm.info/（最終アクセス日：2015年5月27日）
倉本宣「市民運動から見た里山保全」武内和彦他編『里山の環境学』東京大学出版会（2001）
佐々木好之編『植物社会学』共立出版（1973）
循環組合エクスプレス「エコセメント事業の概要」
　http://www.tama-junkankumiai.com/eco_cement/outline/（最終アクセス日：2015年5月27日）
東京市町村自治調査会「多摩地域ごみ実態調査」
　http://www.tama-100.or.jp/category_list.php?frmCd=2-6-4-0-0

第 3 章　多摩地域の環境問題

（最終アクセス日：2015年 5 月27日）
東京市町村自治調査会「多摩地域データブック」
　http://www.tama-100.or.jp/category_list.php?frmCd=2-6-1-0-0
　（最終アクセス日：2015年 5 月27日）
東京都環境局「東京都環境白書」
　http://www.kankyo.metro.tokyo.jp/basic/plan/white_paper/（最終アクセス日：2015年 5 月27日）
中川重年編『森づくりワークブック（雑木林編）』全国林業改良普及協会（2004）
中村政則『オーラル・ヒストリーの可能性―東京ゴミ戦争と美濃部都政』御茶の水書房（2011）
服部美佐子『ごみ減量―全国自治体の挑戦』丸善（2010）
明治神宮社務所編『「明治神宮の森」の秘密』小学館（1999）

Chapter 3
Environmental Issues in the Tama Area

Hirokuni OURA

This chapter provides a historical overview of environmental issues and presents arguments relating to the current agendas on sustainable development and the environment. Since the Edo era, the Musashino Uplands have been afforested with *Quercus acutissima* and *Quercus serrata* for use as fuel wood and compost. This afforested area came close to losing its economic value after the energy revolution of the 1960s; consequently, the wooded areas were either abandoned or developed for residential compounds. In the 1970s, the Production Green Land Law was passed, and thus afforested areas have since been protected; however, these areas tend to be sold and developed for housing compounds in the event of inheritance. At the same time, local governments and community-based charitable organizations seek to protect the abandoned copses. Population growth and mass consumption during Japan's rapid economic growth from mid-1950s to early 1970s has led to a vast increase in garbage. Domestic waste is being burnt during the intermediate treatment stage and is finally reclaimed at the Futatsuzuka disposal site. Due to capacity limitations, however, the local governments in the Tama area have expanded their recycling systems and now charge a garbage fee to reduce domestic waste.

第3章　多摩地域の環境問題

Moreover, local governments have implemented a project to reuse incinerated ash in cement. While these projects provide one possible measure for other local governments, the reduction of domestic garbage and the cost of its disposal remain an urgent issue.

第4章
多摩地域の教育

山口　毅

第1節　地域と学校教育

　本章は,「多摩学」の教科書の一章であり,多摩に立地する大学の授業を元にして書かれている。本章の扱う対象は「多摩地域の教育」であるが,同時に本章自体が多摩地域の教育の一環でもある。つまり,「多摩地域の教育」という言葉には二重の意味が含まれている。この二重性を意識して,本章では通常の分析とは少し違ったアプローチを取ろう。対象を詳細に分析して「こうなっていました」という知識を提示するよりも（誤解のないようにいっておくならばそれは当然重要なことだが）,知識を与えること（＝教育）のもつ意義について,自省的な考察を目指してみようと思う。

　第二次世界大戦後の多摩地域における学校教育の推移をテーマに,本章の元になった1回分の授業を筆者は担当してきた。教育社会学という分野の最もオーソドックスな説明のしかたは,教育における「機会の平等」がどの程度／どのように実現されているかという観点からの分析である。機会の平等については,本章でも触れる予定だが,多摩地域の教育を検討するうちに筆者は次第に,それとは別の側面に注目すべきだと思うようになった。後で述べるように,機

会の平等の理念は知識に対する特定の意味づけ（本章はそれを「差異化のための知識」と呼ぶ）を前提としているが，地域と教育の関係にはそれとは異なった知識のあり方がみられるように思えてきたからである。

それでは，それはどのような知識だろうか。地域はそれとどう関係するのだろうか。そうした問いに迫るためには，地域住民がさまざまな時代の各局面において学校をどのように受け止めていたのかを検討することが，有用である。そこで本章では，多摩地域の住民と学校の「出会い」に焦点を当て，学校教育のもたらす知識について考えていこう。いくつかの事例を取り上げて，論点を提示してみたい。

多摩地域は，農村から大都市近郊住宅地へと発展した一帯を擁している。それゆえ，日本社会の近代化過程を圧縮して示すような特徴的な場所であるといえるだろう。まずは，多摩地域の小学校・中学校数および児童生徒数の推移を確認しておこう（数値の出所は，東京都『学校基本調査報告書』）。

多摩地域（東京都の市部および郡部）の学校数は，1955年度には小学校・中学校あわせて323校だったが増加の一途をたどり，1995年度には746校に達した。その後，やや減少し，2014年度は732校だった。そして多摩地域の小中の児童生徒数は，1955年度には約20万人であり，それ以降，学校増と歩調をあわせて増加して1980年にはおよそ49万人に達した。しかし，1980年代から減少し，その後やや持ち直しはしたが，2014年度には32万人となっている。要するに，高度成長期以降1970年代まで，多摩地域では子どもの人数が増え，対応して学校数も増えている。そして1980年代以降は人数が減り，少

し遅れて学校数もやや減っている。ただし，子どもの人数の大幅な減少に比べて，学校数の減り方は緩やかである。

この数値の移り変わりは，多摩地域の学校教育をめぐる争点と密接に関わっている。本章は，3つの時期を取り上げて検討しよう。伝統的な農村の生活が残っていた第二次世界大戦直後の時期（第2節），学校数と児童生徒数が大きく増加した高度成長期から1970年代にかけての時期（第3節），そして双方ともに減少している1990年代以降の時期（第4節）である。各時期を，多摩ニュータウンを中心とした大規模団地のある地区に視点を据えてみていきたい[1]。

第2節　伝統的な農村の生活と学校

本節ではまず，多摩市の退職教員の座談会記録を参照して，第二次世界大戦直後の農村住民の学校に対するまなざしを検討しよう。新制中学校の開校に尽力したある教師は，地域の住民意識について次のように振り返っている。

> 新制中学校と旧制中学校を同一視している傾向がありました。当時多摩村では小学校を卒業すると旧制中学校へ進学する者はごく僅かでした。ほとんどはご先祖様の田畑を草だらけにしては申し訳ない不孝者だから，百姓の子は小学校卒業で十分，百姓の子が義務教育とて，新制中学に行くのは勿体ないという根強い考えがありました。その説得には時間がかかりました。
>
> （多摩市教育友の会　1998：66-67）

当初は，義務教育の中学校は農村住民に受け入れられていなかっ

たという[2]。小学校は地域に定着していたものの、多摩村の住民の多くは中学校の意義を認めていなかった。その理由は、農業中心の伝統的な暮らし方にある。子どもは家業を継ぎ、土地に縛られる。「ご先祖様の田畑を草だらけにしては申し訳ない」という表現に表れているように、小学校より上の教育は農作業の役に立たず、それを妨げるものとみなされたのである。

こうした感覚は、現在の私たちとはかけ離れているかもしれない。「中学に行かないと基礎的な読み書き能力を身につけられないのではないか」と感じる人もいるだろう。今では、中学教育の価値はそれほどに自明である。それでは、中学に進学しない人たちは、生活に必要な基礎的知識を欠いた暗闇の中で暮らしていたのだろうか。

当時の状況に即するならば、そうとはいえない。地域社会が存続してきたということは、生活の知識が世代間で連綿と受け継がれていたことを意味する。農作業や村の交際に必要な知識は、地域に根ざした独自の体系として存在し、それは学校を通さずとも直接に伝達されていた。多くの村民の日常生活にとっては、地域社会の知識の方が、学校の与える知識よりも重要だったといえるだろう。

まとめよう。多摩地域の住民と学校の「出会い」の原点には、学校の「拒否」というヴァージョンが存在した。そこでは、中等教育段階以上の学校教育は、あまり意味がないと感じられていた。地域で受け継がれ、地域で用いられる知識こそが、人びとにとっては意義あるものだったのである。

続いては、引き続く時代の中で、人びとは学校にどのような意義を見出していったのかを検討しよう。農村住民から視線を転じて、多摩地域に流入してきた「新住民」の事情を検討する。

第4章　多摩地域の教育

第3節　高度経済成長期から1970年代にかけて
—学校増設・高校全入運動

　高度経済成長期に入ると，日本社会は急速に産業化し，都市化していく。多摩地域では子どもの数が急増した。戦後の第1次ベビーブーム（1947～1949）と第2次ベビーブーム（1971～1974）の間の期間には，日本全体の出生数は減少しているが，多摩地域では一貫して児童生徒数が増えている。他地域から多摩への人口移動の影響である。

　この背景には，大都市近郊住宅地としての発展がある。農村から都市への移動の受け皿として，多摩地域は人口急増期を迎えるようになったのである。それに伴って，学校不足や設備不足という問題が生じた。

　プレハブ校舎（仮設校舎）がこの問題を象徴する光景となった。運営が難しい大規模校の増加もまた，問題であった。「三多摩格差」といわれる多摩と区部の格差には，体育館やプール，教材，教具，教員，給食などの教育関係の格差も含まれていた。

　さらに，高校への進学も争点となった。進学希望の高まりによって，受け皿の不足があらわになったのである。学費の高い私立高校に進学せざるをえなかったり，中学浪人の発生が問題視されるようになった。

　かくして，中学校にすら背を向けていた農村住民の世界は過去のものとなった。いまや地域住民の多くは，子どもを高校までは通わせたいと考えている。そのために教育運動が組織されたのである。

　1960年代から全国的に展開した高校全入運動を受けて，1970年代

には「三多摩高校問題連絡協議会」が活発な運動を繰り広げた。多摩地域の運動団体へのアンケート調査を分析した田村武夫は、教育運動の重点課題として最も多くあげられた回答を「とりあえず高校増設を」と分類し、要求の切実さを伝えている（田村　1977：82）。設備や環境の格差もさることながら、それ以前に高校という入れ物がなければ始まらないというわけである。

それでは、学校にはどのような役割が求められていたのだろうか。教育運動を支えた新住民の社会的位置を考えてみよう。

大都市近郊住宅地の世帯主は、大半が工場や企業に雇用される。彼らは農民とは違い、子どもに直接継がせる家業をもたない。その子どもは学歴を取得して、それを介して職業的な地位を得る。それゆえ学校には、個人の地位達成の手段としての役割が求められるのである。

日本社会ではこの時期に、学歴が職業的地位を左右する学歴社会の仕組みが広がった。大半の人が、学校の選抜・配分機能（人材を選び社会的地位に振り分ける働き）の影響を受けるようになったのである。ここで問題になるのは、よい地位をめぐる競争に参加するチャンス、つまり教育の機会が平等に与えられているかどうかということである。

教育社会学のオーソドックスな問題設定は、そこに力点を置く。教育における「機会の平等」がどの程度／どのように実現されているかを問う論点である。たとえば三多摩格差の解消や高校増設は、学級や学校間・地域間の格差をなくし、学習条件を整えることによって機会の平等を実現するという意味合いを担っていた[3]。他方で、子どもの出身階層による機会の不平等（たとえば貧困家庭出身

の子どもが学歴取得に不利を抱えるという問題)については，この時期を通してあまり注目されなくなっていったのである[4]。

機会の平等という観点はそれ自体，重要である。しかし本章では異なる方向に考察を進めたい。地域と学校の関係には，見逃せない別の側面が存在するからである。

学校は子ども同士の人間関係を育てるとともに，学校行事などを通じて地域や保護者の関わりを生む場でもある。つまり学校は単に地域の中にあるだけでなく，地域のまとまりを作り出す積極的な働きを担っている。そして学校をめぐる教育運動にも，関わりを通じてコミュニティを作り上げるという側面がある。新住民が教育運動を担った理由には，代々そこで暮らしていた人びととは異なり，新たに社会関係を形成しなければならなかったという事情もあるだろう。学校には，地位達成の手段とは異なる意義——地域のまとまりを作り出す働き——があるのだ。

それについては次節で改めて論じることにして，本節をまとめておこう。わずかな期間のうちに，多摩地域の住民と学校の「出会い」は，熱烈なラブコールによる待望・歓迎へと変化した。その理由のひとつに，学校教育を地位達成の手段とみるまなざしがあったことを見過ごしてはならない。ただし地域住民にとっての学校の意義は，それに尽くされるものではない。地域に新たに根ざそうとする人たちにとって，学校は地域のまとまりの核としてシンボリックな意義を有してもいたのである。

第4節　1990年代以降—学校統廃合の問題

ここで再度，小中学校の数と児童生徒数の推移に立ち戻ろう。多

摩地域の児童生徒数は1980年代から減少している。学校数は1990年代半ば以降やや減少しているが，子ども数ほど急なカーブで減ってはいない（ただし，地域や学校段階による違いも見られる）。子どもが少なくなったからといって，学校はおいそれとは減らせないのである。簡単に減らせない大きな理由に，地域のまとまりの核としての学校の意義があることはいうまでもないだろう。

学校数が減らない限り，多くの学校は小規模化し，施設の余剰が生じることになる。こうして，前節の時期とは，全く逆の事態が発生した。公立校における学校統廃合（複数校の統合や廃校）が，地域の争点となったのである。

学校統廃合の背景には，少子高齢化の影響による自治体の財政難があるが，地域差もある。たとえば多摩ニュータウンは世代交替がうまくいかず，高齢化して住民の年齢層が偏っている。そのため該当地区では早期から学校統廃合が計画されたのである。

本節では，統廃合問題に直面した地域住民の教育運動を取り上げよう。慣れ親しんだ地域の学校がなくなってしまうかもしれないという事態を前にして，地域のまとまりを作る学校の意義は切実に問われるだろう。以下では，多摩市の運動団体の活動記録を事例として検討する（西落合小学校父母の会活動記録誌編集委員会　1998；以下「西落合」と略記）。とくに注目したいのは，教育運動の現場で交わされるやり取りである。

最初に，小規模校が問題視される根拠を確認しておきたい。根拠は学校教育法施行規則の規定にあり，学校の適正規模は小学校・中学校ともに12学級以上18学級以下と定められている。といっても，それは行政上の効率から算出されたものであり，教育効果に関する

第4章 多摩地域の教育

データに基づいたものではない（若林　2012）。行政効率は教育に関する最優先の指針になりにくいし，そもそも教育効果を一律に測定すること自体，困難である。このようにみると，小規模校の可否を決めるような究極の根拠は存在しないのである。

　そうはいっても，議論の手がかりは必要である。そこで小規模校のメリットとデメリットがそれぞれ列挙されることになる。行き届いた指導や参加意識の育成等のメリットも想定される一方で，集団生活の不足や子ども同士切磋琢磨しない等のデメリットも想定されている。両論併記のような形である。

　判断の究極的な基準がない状況下で，教育運動の場面ではどのようなやり取りが交わされているのだろうか。統廃合をめぐる意見交換の特徴に注目しよう。

　まず，個別の経験との照合という特徴がある。運動が地元の学校の存続を願う立場であることとも関係するが，40人学級という一律の基準を用いることを批判して，個別の事情を踏まえてほしいという要望がある。たとえば行政との地域懇談会では，「現実に学校にいる先生の立場」（西落合　1998：8）からメリット・デメリットを聞きたいという希望や，「地域での実情に即して決めてほしい」（西落合　1998：10）という声が寄せられる。さらに，家庭での経験と照らし合わせながら判断する姿勢もある。子どものクラスは小さくなって「上の子の時を思うと淋しい感じがする」一方で，「まとまりがよく，楽しく過ごしていて小規模クラスのよさが出ていると思う」（西落合　1998：19）といったように，自身の身の回りのリアリティと照らし合わせしながら小規模校について考えようとする姿勢がある。

そしてまた,「世代と立場を超えて知恵を絞り, 意見を出し合っていくうちに, 本音で話し合える場となりました」(西落合　1998：15) と回顧されているように, 制約なしに多様な意見を出すことや, 立場を超えた対等性が求められてもいる。それは, 継続的な対話と納得による合意の追求にも結びつく。行政への要望書には,「自由に意見を交換できる」ことや「継続的に対話を実施する」要望が頻繁に盛り込まれている (西落合　1998：45)。それによって, 多くの人が納得する方策を探っていこうとするのである。

　以上の整理は, 教育運動のきわめて限定的な側面, すなわち意見交換にみられるいくつかの特徴を抽出したものにすぎない。とはいえそこに, 対等な立場で開かれた議論を行って合意形成を目指す, 公共性への指向を見出すことは容易だろう。学校統廃合をめぐる意見対立は, 住民の民主的参加と言論の公共性を焦点としてクローズアップさせる。「熟議」(ともによく考え議論すること) を行うことが, 主要な課題となるのである。

　本節をまとめよう。拡大の一途をたどる時代が過ぎ去って, 教育制度の縮小という課題を抱える近年では, 多摩地域の住民と学校の「出会い」は熱気とさびしさの交差するものとなる。その中で, 地域のまとまりを作り出す教育運動の場面には, 公共性と熟議への指向があることがうかがえる。続いて, このことが持つ意味について検討したい。

第5節　地域の中の知識

　本章は, 多摩地域の学校教育をめぐる争点を3つの時期にわけて検討し, 地域住民にとっての学校の意義を検討してきた。最後に,

第 4 章　多摩地域の教育

そこから何が学べるかについて，より一般的な水準で考えてみたい。

　まず，「地域」という単位を考えよう。地域は単に物理的な空間としてそこにあるものではない。学校の増設・統廃合をめぐる運動がそうであるように，人びとの関わりによって作られ維持される側面がある。言い換えれば人びとの関わりがなければ，地域は限りなく物理的な空間でしかない存在に近づいていくだろう。

　個人の地位達成や機会の平等というテーマはこの点で，地域との関係は微妙な側面がある。職業的地位を得るための手段としてならば，学校で学ぶ知識は地域の生活と疎遠なものであってかまわない。受験や就職の役に立てばそれでよいからである。そして「村を捨てる学力」という言葉があるように，学校を介した地位達成は，諸個人を地域から切り離す作用を備えがちだった。大規模な人口移動とともに展開した日本社会の近代化に，地域を軽視する傾向が伴っていたとするならば，それは学校教育のこの側面と関わっているだろう。

　次に，「教育」について考えよう。教育は知識を与えることを伴うが，知識は単に情報としてそこにあるものではない。地域のまとまりが人びとの関わりによって作られるのと同様に，知識の意味もまた，人びとのやり取りの中で作られるものである。

　本章の例で説明しよう。第 2 節で述べたように，中学校に通わない農民の子弟を，私たちは「知識のない」人たちとみなすかもしれない。しかし伝統的な農村では，生活に必要な知識が継承されている。もしそこで暮らすならば，それを知らない私たちこそが「知識のない」人たちとみなされることになるだろう。

　つまり，知識の意味は人びとのやり取りの中で作られ，その意味づけしだいで変わってくるのである。こうした観点から見返すと，

本章の取り上げた多摩地域の実践には，2つの対照的な知識への意味づけがみられる。以下にまとめよう。

　ひとつめは，個人の地位達成と関連して用いられる知識である。それは「差異化のための知識」と呼べるだろう。いわば，優劣の上下関係を作るための知識である。そこでは，ある人が優れているためには，別の人にはより劣っていてもらわなければならない。そうでなければ，教育の選抜・配分機能が働かないからである。もしも「そうはいっても『優秀さ』は確固としてそこにあるではないか」と思うのであれば，それはあなたが「差異化のための知識」の見地だけからものをみており，知識の意味が人びとのやり取りのなかで作られるということを忘れているからだろう。

　次のようなことを考えてみるとどうだろうか。優劣を決める基準については争いがあり，基準の設定次第で誰が「優秀」なのかは変わってしまう。たとえば，この社会においては，受験テストの点数に示されるような「学力」が重要なのか，それよりも「コミュニケーション能力」の方が大事なのか。何をとるかによってずいぶん序列のありようが変わってしまうだろう。このようにみると，あらかじめ諸個人の間に優劣があるのではなく，私たちが特定の基準を設定してそれを適用することで，優れた人と劣った人とが作り出されるのである。

　次に，2つめの意味づけに移ろう。本章が見出したのは，「差異化のための知識」とは異なった知識への意味づけが地域と教育の関係にみられるということである。それを，「熟議のための知識」と呼ぼう。それは，ともによく考え議論するための知識であり，対照的な性質を備えたものでありうる。

第4章　多摩地域の教育

　具体的な場面に即して考えてみよう。知識の伝達や意見の交換がうまくいかなかったとしよう。この事態を，一方が優れていて他方が劣っているためだとして処理するならば，そこでは「差異化のための知識」が用いられているだろう。「無学な人にはどうせわからない」とか「コミュニケーション能力のない人には伝わらない」というように。

　しかし，同じ事態を別のしかたで処理することもできる。どちらか一方を下に見るのではなく，「相手に届くような言葉になっていなかったのかもしれない」というように，異なる背景をもった人の間の行き違いとみるような把握である。この場合は，どうすれば言葉が届くか，お互いに模索する営みが続いていくかもしれない。対等な立場での意見表明と互いの理解が課題となる「熟議」は，このような展開を要請するだろう。そしてこうした意思疎通は，議論の場だけで行われるとは限らない。地域の生活で用いられる知識には，「差異化のための知識」とは別のあり方が含まれているのではないだろうか[5]。

　本書は教科書であり，アカデミックな知識を提示する役割を担っているので，上記の違いの認識はいっそう重要である。この種の知識もまた，差異化のために用いられうるからである。それゆえアカデミックな知識に触れる人は，「自分は愚かだ」という劣等感を抱いたり，その逆に「自分は賢い」と優越感を抱いたり，優劣の基準をもっぱらにしてものをみようとするかもしれない。

　筆者はそうしたありようを必ずしも全否定はしないし，本章がそれと無関係であるとも限らない。本章の提示する知識の意味もまた，あらかじめそこにあるものではなく，読む人によって異なった「出

会い」に開かれるだろうからである。ここで重要なのは，私たちはいつでも「違ったやり方ができる」ということである。優劣の証明とは異なった知識のやり取りを，私たちは知っているはずだ。地域の教育運動を支えた人たちがそうであるように，自分の経験と照らし合わせ，対等な立場での意見交換を喜ぶような姿勢。そうしたあり方は，「地域と教育」を考えるのに，いくらかふさわしいように思われるのである。

■ 注 ■
1）紙幅の都合上，取り上げる資料・データは最小限にとどめている。
2）明治初期には，小学校に対して地域住民が激しい反発を寄せることもあった（森 1993）。ただし，こうした意識が一般にどれだけ広くみられたかについては，慎重な検討が必要である。多摩地域には，先進的な教育実践の歴史もあることは，付言しておくべきだろう。
3）苅谷剛彦はこれを「面の平等」と呼んでいる（苅谷 2009）。
4）詳しくは苅谷（2009）の議論を参照。出身階層による機会の不平等は，近年では周知の話題である。こうした観点から高校増設や高校統廃合を分析している著作として，香川・児玉・相澤（2014）が参考になる。
5）こうした論点については広田・宮寺編（2014）の議論，とくに筆者による執筆個所を参照してほしい。

■ 引用・参考文献 ■
香川めい・児玉英靖・相澤真一『〈高卒当然社会〉の戦後史―誰でも高校に通える社会は維持できるのか』新曜社（2014）
苅谷剛彦『教育と平等』中央公論新社（2009）
多摩市教育友の会『創設20周年記念誌　ひとすじの道』多摩市教育友の会（1998）
田村武夫「地域教育運動試論―東京三多摩の第二次高校全入増設運動を手がかりに」『和光大学人文学部紀要』12（1977）

第 4 章　多摩地域の教育

東京都『各年度　学校基本調査報告書』
西落合小学校父母の会活動記録誌編集委員会『かけがえのない明日へ——学区問題をめぐる父母たちの活動の記録』西落合小学校父母の会（1998）
広田照幸・宮寺晃夫編『教育システムと社会——その理論的検討』世織書房（2014）
森重雄『モダンのアンスタンス——教育のアルケオロジー』ハーベスト社（1993）
若林敬子『増補版・学校統廃合の社会学的研究』御茶の水書房（2012）

Chapter 4:
Local Residents and School Education in the Tama Area

Takashi YAMAGUCHI

This chapter examines how local residents in the Tama area changed their views on education in schools after World War II. Three intervals are specifically captured: first, the rejection of school education aftermath of World War II, second, the enthusiastic acceptance of school education from the 1960s to the 1970s, and finally, the consolidation of school education from the 1990s to the present. During the first stage, parents in the rural Tama area were not enthusiastic about sending their children to lower secondary school, although it had by then been introduced as compulsory education. These parents considered rural community-based knowledge to be far more important than modern school-based knowledge. The second stage occurred at a time when Japan was experiencing rapid economic growth, with high school and university enrollment rates rapidly increasing. However, local residents in the Tama area were faced with a lack of available schools. This was one of "San-Tama Kakusa," which describes the gap in the allocation of resources between the Tama area and Tokyo's 23 special municipalities. As a result, the residents in the Tama area organized educational movements and requested that

第4章 多摩地域の教育

new public schools be constructed. Those who participated in these movements considered schools as both a means of attaining individual status and a vehicle for community cohesion. During the third stage, however, the Tama area was facing an aging population and low birth rates. Enrollment in public schools was shrinking because of the decrease in school-age children, and a consolidation of the school districts was needed. As a result, the participants in the educational movements discussed the merits and demerits of the "small school." Their discussions indicated a leaning toward civic publicness and deliberation. The final part of this chapter discusses the different meanings that can be attached to the concept of knowledge and points out that there are two contrasting meanings in the Tama area. One involves "knowledge for differentiation," which enhances individual status such as socio-economic standing; the other is "knowledge for deliberation," which improves community-based dialogue.

第5章
多摩地域のブランド構築
―戦略と課題―

浦野　慶子

第1節　地域活性化手法としてのブランド構築

　わが国の地域社会は，少子高齢化・人口減少期という未曾有の局面に突入するとともに，経済・社会・文化のグローバル化による国際競争に否応なしに巻き込まれ，地域経済の持続的発展に向けた取り組みがより一層，求められている。地域ブランドの構築は，地域の競争力を強化して地域経済を活性化させる有効な手法のひとつとして注目され，各地でさまざまな取り組みが行われている。地域ブランドとは，当該地域の自然，歴史，文化，産業，地場産品などの地域資源を活かして地域の付加価値を高め，より良い地域イメージの浸透を図ることによって，地域住民が愛着と帰属意識を育み，地域外の企業や人々から関心と共感を喚起するものと定義できる（和田ほか　2009）。地域ブランド化を図る領域は，観光地や地場産品をはじめとする観光資源のみならず，創業風土や地域住民のライフスタイルまで多岐に渡る。多摩地域は，30市町村が結集することによって都道府県に匹敵する人口規模及び経済規模となるため，オール多摩で地域ブランド構築に取り組めば大きな成果を期待できる。そこで，本章では，最初に地域ブランド構築の必要性を構造的要因

から考察し，ブランド構築に向けた戦略的ゾーニングの在り方について検討する。次に，ブランド化の対象となる地域資源を観光，企業立地，地場産品，生活の4つの領域に分け，地域の課題解決に向けた活動を行う市民，NPO，企業等の新しい公共セクターによる取り組みを中心に分析し，最後に多摩ブランド構築に向けた将来展望を論じる。

第2節　多摩ブランド構築の必要性

　地域ブランドの構築が求められるようになった背景には，都心回帰，少子高齢化・人口減少，グローバル化がある（和田ほか　2009）。本節では，これらの要因を多摩地域に即して分析し，多摩地域における地域ブランド戦略の必要性を明らかにする。なお，本章では，必要に応じて多摩地域の歴史及び人口について触れるが，各詳細については，第1章及び第2章を参照されたい。

　第一に，多摩地域は，戦後の高度経済成長期にいちじるしい人口増加を経験したが，バブル崩壊以降，都心の不動産価格が低位で推移したため，郊外居住者の子どもの世代が結婚や育児を機に都心部または準都心部に転出したり（内閣府　2011），1960年代から70年代にかけて郊外に進出した大学が都心部に戻ったりする都心回帰傾向が続いている。そのため，多摩全域が協調して地域住民とくに若者の地域愛着度及び定住意欲の維持に資する，さらには，多摩地域外に住む若者・子育て世代の転入意欲を掘り起こすことに資する地域ブランドの構築をする必要に迫られている。

　第二に，少子高齢化・人口減少の進行に伴って生産年齢人口が減少し，労働力人口も減少しつつある。多摩地域は全域でみると事業

第5章　多摩地域のブランド構築

所の数も従業員の数も多く，都道府県に匹敵する経済規模を誇っているが，事業者の高齢化によって事業継承がうまくいかず，廃業せざるを得ないケースが発生して深刻な問題となっている。さらに，多摩地域を代表する企業の大規模工場の閉鎖が発表されており，企業の規模を問わず，経済活動を持続的に発展させることのできる地域としてのブランド構築が急務となっている。本書の第8章で触れられているように，多摩信用金庫は各自治体と連携して事業継承や創業を支援しており，こうした企業立地ブランドの向上に資する支援のさらなる強化が課題となっている。

　第三に，経済・社会・文化のグローバル化によって，国際社会に対して地域の魅力を発信し，訪問意欲や地場産品の購入意欲を引き出す地域ブランドを構築する必要性が増している。わが国は，政府のビジット・ジャパン政策によって訪日外国人旅行者が増加し，2013年には初めて1,000万人を超えた。外国人旅行者に人気の訪問先は，関西国際空港と成田国際空港を結ぶ所謂ゴールデンルートに集中していて，かつ，東京での宿泊先は都心部に集中している。東京都へは，2014年の1年間で5億人の国内旅行者と887万人の訪日外国人旅行者が訪れている（東京都産業労働局　2015）。都心近郊部へは，都心を拠点にしたピストン型の日帰り旅行が多く，多摩周遊旅行は十分に発達・浸透していない。2020年に開催が決定した東京五輪に向けて多摩地域のブランド化をより一層進め，国際・国内社会に広く発信することが急務となっている。

第3節　多摩地域における戦略的ゾーニングの在り方

　多摩地域がブランド化を図るうえで重要なカギとなるのは，戦略

的ゾーニングである。戦略的ゾーニングとは「ブランド資産を基盤とした地域内の再構築，もしくは地域外との連携によって，地域独自の体験価値を創造すること」（和田ほか　2009：115）と定義される。戦略的ゾーニングによって交流人口を増加させ，より良い地域イメージの浸透を図ることができる（徳山・長尾　2013）。多摩地域では，30市町村の自治体連携による多摩ブランドの構築という取り組みもある一方（東京市町村自治調査会　2014），歴史的文化的産業的には行政区域を超えてさまざまなゾーニングがなされてきた。他地域との連携の例としては，旧通商産業省関東通商産業局によって「広域多摩地域」と名付けられ，現在では，一般社団法人首都圏産業活性化協会（TAMA協会）に引き継がれている東京都多摩地域・埼玉県南西部地域・神奈川県中央部地域に広がる産業集積地域が挙げられる。芸術・文化の世界に目を向ければ，国木田独歩をはじめとする文人によって描かれてきた「武蔵野」というゾーニングや世界的人気を誇るアニメーション映画『となりのトトロ』(1988) の舞台のモデルとされる「トトロの森」（東京都と埼玉県にまたがる狭山丘陵）というゾーニングがある。自然・歴史の世界に目を向ければ，「甲州街道」というゾーニングがあり，中でも八王子市から神奈川県相模原市に位置する相模原湖及び藤野町に至るエリアは近年，「甲州夢街道」と称されている。また，一般社団法人大多摩観光連盟が提唱する「大多摩」（青梅市，福生市，羽村市，あきる野市，瑞穂町，日の出町，奥多摩町，檜原村，山梨県丹波山村，小菅村）というゾーニングもある。さらに，株式会社JR東日本リテールネットが2014年にJR八王子駅構内にオープンした「やまたまや」では，豊かな地場産品という観点から山梨県と多摩地域の連携が生まれ「や

第5章　多摩地域のブランド構築

またま」という新しいゾーニングが生まれている。

　多摩地域は，世界有数の観光都市東京の豊かな観光資源を構成する一方で，産業・芸術・文化などのテーマによって近隣地域と連携を図りながら地域ブランドを形成してきた。さらに，多摩地域は各所に豊かな自然，歴史，文化が息づき，洗練されたライフスタイルや最新のファッションの発信地になっているエリアもある。そのため，多摩地域が独自のブランドを構築するには，① 他地域と連携を図ることで多摩地域の弱みを補い，多摩地域の魅力を高める連携型相補と ② 多摩地域内部で競い合うことでおのおのの独自性を高め，結果として多摩地域全体の魅力を高める対抗型相補という2つのゾーニング手法をテーマごとに戦略的に選択する必要がある[1]。連携型相補ゾーニングについて都心部との連携を例に挙げれば，観光面で都心部と連携することで多摩地域の弱みを補い，交流人口を増やすことはできるが，それと同時に東京ブランドに埋没しないようにする必要がある。多摩全域の連携については，「東京にしがわ大学」を代表例として多摩地域という名称を使わずに多摩地域全体の活性化に資するネットワークや団体もあり，多摩という名称そのものにこだわらない多様な連携が生まれている。一方，対抗型相補においては，多摩地域内部で対抗し合うことでさらなる独自性を育み，各エリアがオール多摩ブランドに埋没しないようなかたちで互いにないものを補い合うことができる。音楽やファッション等，先端文化の発信地・吉祥寺というブランドや自然環境に恵まれた学園都市・国立というブランド等，特色ある地域ブランドが多摩地域内部でひしめき合うことでより良い地域イメージの浸透を図ることができる。地域によっては，地名とその表記を統一したり，名称を使

用できる区域を制限したりすることでブランド構築を図る手法もあるが，多摩ブランド構築においては，歴史的，文化的，産業的に現在の行政区域を超えた多様なゾーニングがなされてきたため，多摩地域の独自の体験価値を提供することを念頭に有効なゾーニングをテーマごとに戦略的に選択することで，多摩地域のブランド化を発展させることができると考えられる。

第4節　ブランド化を図るべき4領域

　ブランド化を図るべき領域すなわち地域の付加価値を高めてより良い地域イメージを浸透させることに資する地域資源とはいかなるものがあるだろうか。青木（2004）による分類をふまえ，本章では，ブランド化の対象領域を，観光ブランド，企業立地ブランド，地場産品ブランド，生活ブランドの4つの領域から考察する。第一に，観光ブランドとは，自然，歴史，文化等を対象として，来訪者の関心と愛着を高める資源全般のことを指している（石原　2009）。第二に，企業立地ブランドとは，産業活動に必要な環境，インフラ，創業風土，人材等を対象として，企業誘致や産業集積を促進させる資源全般のことを指している。第三に，地場産品ブランドとは，地域で生産された一次産品や加工品等を対象とし，来訪者や消費者に満足感と愛着をもたらす資源全般のことを指している（石原　2009）。各地域の地場産品は，国内外で模造品が出回ることもあり，その対応に苦慮してきたが，2006年から地域団体商標制度がスタートし，「地域名＋商品名」からなる商標の登録が可能となったため，地場産品のブランド化を図る取り組みが進められている。第四に，生活ブランドとは，生活インフラ，地域住民のライフスタイル等を対象

第 5 章　多摩地域のブランド構築

として，地域住民の定住意欲を維持向上させたり来訪者の関心と愛着を高めたりする資源全般のことを指している。

次に，多摩地域における各領域の資源・資産を整理したうえで，ブランド化に向けた連携状況について主に新しい公共の担い手による取り組みを中心に分析し，今後の課題を析出する。

第一に，観光ブランドについて，公益財団法人東京観光財団が運営する東京の観光公式サイト GO TOKYO では，多摩地域の自然資源としてミシュラン・グリーンガイド・ジャポンで最高評価の三ツ星を獲得した高尾山，御岳山，トレッキングを楽しめる秋川渓谷，日原鍾乳洞，奥多摩及び日の出町の天然温泉といったスポットが紹介されている。さらに，文化・歴史資源として，スタジオジブリ作品のモチーフとなった建物などがある江戸東京たてもの園，ハローキティなど世界的に有名なキャラクターのテーマパークであるサンリオピューロランド，青梅赤塚不二夫会館が紹介されている（東京観光財団　2015）。GO TOKYO では，吉祥寺エリアを多摩地域から独立させ，そこで井の頭恩賜公園や三鷹の森ジブリ美術館等を紹介している。先述したように，東京都へは国内外から毎年多くの旅行者が訪れているが，多摩地域へは都心を拠点にしたピストン型の日帰り旅行が多く，周遊旅行が発達していない。気軽に日帰り旅行できるのは利点であるが，2020年の東京五輪開催に向けて訪日外国人旅行者に多摩地域の魅力を知ってもらい，リピートで多摩全域の周遊旅行を促すインバウンド振興策を構築する必要がある。具体的には，多言語による情報発信を促進させること，観光ボランティア（日本語・外国語）のさらなる育成を図ること，多摩地域の各観光協会が連携を図って広域多摩ツアーを提案したり訪日外国人旅行者向

けイベントを企画したりすること，多摩周遊型ツアーの商品開発を産学官民連携で進めることが挙げられる。

　第二の企業立地ブランドとしては，従来，多摩地域の大規模画地の二大特性として，①物流と従業員の通勤の両視点からアクセシビリティの高い大規模画地が多いこと，②人口の集中するエリアに大規模用地が多いことが評価されてきた（東京市町村自治調査会 2012）。こうした特性を背景に多摩地域に進出してきた企業がある一方，近年では大規模事業所の撤退も起きている。圏央道と呼ばれる首都圏中央連絡自動車道の開通及び2027年に予定されているリニア中央新幹線の開通は，多摩地域の企業立地ブランドに大きな影響を与えるだろう。2015年春に圏央道・相模原インターチェンジ（IC）が開通したが，神奈川県相模原市は産業集積促進条例（STEP 50）を施行して積極的な企業誘致に取り組んでおり，すでに自治体間の競争が激化している。大規模事業所の撤退・縮小は，地域の雇用に打撃を与えるため，企業立地ブランドを維持・向上させることは，地域経済の発展に不可欠である。多摩地域の資源である豊かな自然と生活環境を守りながら，地域住民との対話を重ねて企業誘致にかかる条例等を整備すること，多摩地域の自治体が連携して企業誘致を促進することが必要だろう。

　モノづくりに関する他地域との連携については，前節で挙げたTAMA協会が東京都多摩地域・埼玉県南西部地域・神奈川県中央部地域に広がる産業集積地域を「Technology Advanced Metropolitan Area（技術先進首都圏地域）＝TAMA」と定義し，TAMAに立地するあらゆる規模の企業と大学等の研究機関が連携している（TAMA協会：首都圏産業活性化協会　2015）。モノづくり産業は，日

第5章　多摩地域のブランド構築

本経済の柱であり，地域経済の基盤でもある。行政区域の枠を超えた連携をより一層支援すること，地域住民に対してもその存在を広く認知してもらうことが重要な課題である。本書の第8章で触れられているように，地元企業と教育機関のコラボレーション等も有効な取り組みとして挙げられる。

　第三の地場産品ブランドに向けた取り組みとして，「東京・多摩のおみやげ」プロジェクトが挙げられる。多摩地域に住む人が他地域へお菓子等のお土産を持っていく際に，どこに行けばどのような多摩土産を買えるのかよく分からず困った，ということはしばしば聞かれていた。こうした潜在的ニーズを背景に，2013年に東京で国民体育大会が開催されたのを機に，多摩信用金庫価値創造事業部が企画して多摩の地域産品を紹介するウェブサイト「東京・多摩のおみやげ」が開設された。このサイトに商品を登録するには，「おみやげ」として，多摩地域で販売店から持ち帰りできることや商品に表示する事業者の住所または所在地が多摩地域であること等の条件を満たす必要がある（多摩信用金庫　2014）。登録掲載は無料で，菓子類から工芸品までさまざまな地場産品が登録されている。一方，多摩地域の各市町村では，NPO等が主催して地域ブランド認証制度の整備を進めているが，なかでも三鷹市では三鷹の魅力的な商品をTAKA-1として認定し，三鷹の地場産品のブランド化を図っており，東京都における地域ブランド認証制度の取り組み事例としても知られる（東京都　2014）。先述したように，多摩地域の魅力あるブランドづくりには，オール多摩で取り組むことによって互いの弱みを補い合うと同時に，各自治体や各エリアが競い合うことで独自性を磨き合い，その結果，全体としての魅力がより一層高まるとい

う連携型相補と対抗型相補という2つのゾーニング手法を踏まえた政策展開が重要なカギとなる。2020年の東京五輪開催を見据え，ウェブサイトの多言語化を図るなど海外の消費者や訪日外国人旅行者に対してもより一層，情報発信を進めることが課題として挙げられる。

　第四の生活ブランドの推進主体としては，多摩信用金庫の企画で生まれた地域誌『たまら・び』及び「広報たまちいき」が挙げられる。本書の第8章で論じられているように，豊かな生活文化の創発者は，地域で日常生活を楽しむ人びとであり，生活をブランド化させるためには，地域の人びとがさまざまな地域活動に参加して地域生活を豊かにし，自らの生活文化を広く発信することが不可欠となっている。『たまら・び』は，企画から編集に至るまで多摩地域に住んでいる有志が行っている地域誌で，たんに多摩地域を紹介するのではなく刊行までのコミュニケーションを通じて多摩文化が創発される生活文化の発信主体といえる。また，自治体の枠を超えた多摩地域全体の地域・イベント情報を発信する画期的な地域メディアである「広報たまちいき」も重要な役割を果たしている。さらに，近年では，「東京にしがわ大学」が学びでつながるコミュニティをテーマにさまざまな体験と交流の場を提供しており（東京にしがわ大学　2015），多摩地域の新しい生活文化を創成・発信する基盤が整備されてきている。

第5節　ブランド化に向けた展望

　本章では，多摩地域がオール多摩でブランド化を図るべき必要性を都心回帰，少子高齢化・人口減少，グローバル化の視点から分析

第5章　多摩地域のブランド構築

したうえで，多摩地域における戦略的ゾーニングについて検討してきた。多摩地域では，自然・歴史・芸術・文化・産業の各テーマによってさまざまなゾーニングがなされてきたため，ブランド構築に向けたゾーニングとしては，今後も必要に応じて行政区域を超えて他地域と連携を図ることの有効性を指摘し，戦略的にゾーニングを選択することで，多摩地域のブランド化を発展させることができる可能性を論じた。

　次に，ブランド化を図るべき領域を観光，企業立地，地場産品，生活の4領域に分けて，各領域の資源を整理し，今後の課題を考察してきた。観光ブランドの点では都心を拠点にしたピストン型の日帰り旅行が多く，2020年の東京五輪開催に向けて外国人旅行者向けの多摩全域の周遊旅行を開発すること，観光ボランティア（日本語・外国語）のさらなる育成を図るなどインバウンド振興策の構築が課題となっていることを指摘した。企業立地ブランドにおいては，TAMA協会が産業集積地域としてのTAMAを提唱しており，新しい公共セクターが行政区域を超えて主体的に推進する多様な連携への支援を通じて企業立地ブランドが向上し得る点を強調した。一方，圏央道の開通やリニア中央新幹線の開通によって他の自治体との競争が激化している点を踏まえ，多摩地域は自治体連携を図って企業誘致策を強化する必要があることも指摘した。地場産品ブランド及び生活ブランドにおいては，地域住民，NPO，地域の産業関係者をはじめとする新しい公共セクターがブランド構築を推進し，その基盤が形成されてきた。地域ブランドの構築は，たんに地域の魅力を自治体主導で広告・宣伝するということではなく，地域に住む人と地域で働く人が対話を重ねながら，地域経済の好循環を支え

る仕組みを整えるプロセスから形成されるものである。その基盤は，地域住民，NPO，地元企業等の新しい公共セクターが担い手となって着実に整備されつつある。地域ブランドの構築は，都心回帰，少子高齢化・人口減少，グローバル化といった長期的で構造的な変化に対して求められているものであるが，コンパクト性を理念に掲げる東京五輪開催期に訪日外国人旅行者を多摩地域に誘導し，経済効果を地域に波及させるためにも喫緊の課題となっている。多摩地域の特色である緑豊かな生活環境を保持しつつ，戦略的ゾーニングの手法を取り入れ，新しい公共セクターが形成してきたブランド化推進基盤を最大限活用することで，多摩地域のブランド構築をより発展させ，地域活性化を図ることができることを最後に今一度，指摘しておきたい。

■ 注 ■
1）和田ほか（2009）による連携型ゾーニングと再構築型ゾーニングの2つの方向性をふまえつつ，本章では，梶田（1988）による対抗的相補性の理論から着想を得て，連携型相補と対抗型相補の2つのゾーニング手法を提唱する。

■ 引用・参考文献一覧 ■
青木幸弘「地域ブランド構築の視点と枠組み」『商工ジャーナル』8：14-17（2004）
石原慎士「第5章　地域ブランド形成における価値の創造」佐々木純一郎・野崎道哉・石原慎士『新版　地域ブランドと地域経済—ブランド構築から地域産業連関分析まで』同友館（2009）
浦野慶子「東京都小金井市における地域ブランド戦略の可能性—価値共創型イノベーションを目指して」『帝京社会学』25：45-56（2012）
梶田孝道『テクノクラシーと社会運動—対抗的相補性の社会学』東京

第 5 章　多摩地域のブランド構築

　大学出版会（1988）
KF 書籍化プロジェクト『学生まちづくらーの奇跡―国立発!! 一橋大生のコミュニティ・ビジネス』学文社（2012）
首都圏産業活性化協会（2015）
　http://www.tamaweb.or.jp/（最終アクセス日：2015年 4 月 1 日）
多摩信用金庫（2014）提供資料
東京観光財団（2015）
　東京の観光公式サイト GO TOKYO
　http://www.gotokyo.org/jp/index.html（最終アクセス日：2015年 4 月 1 日）
東京市町村自治調査会『企業等が所有する大規模画地に対する自治体施策のあり方についての調査研究報告書』（2012）
東京市町村自治調査会『自治体による学生の活用に関する調査報告書』（2015）
東京都産業労働局『平成25年度東京都観光まちづくり取組事例集』（2014）
東京都産業労働局『平成26年訪都旅行者数等の実態調査結果』（2015）
東京都都市整備局『多摩の拠点整備基本計画』（2009）
東京にしがわ大学（2015）
　http://www.tokyo-nishigawa.net/（最終アクセス日：2015年 4 月 1 日）
徳山美津恵・長尾雅信「地域ブランド構築に向けた地域間連携の可能性と課題：観光圏の検討を通して」『商学論究』60(4)：261-282（2013）
内閣府政策統括官室（経済財政分析担当）編『地域の経済2011』（2011）
和田充夫・菅野佐織・徳山美津恵・長尾雅信・若林宏保『地域ブランドマネジメント』有斐閣（2009）

Chapter 5
Brand Building in the Tama Area

Yasuko URANO

This chapter identifies successful strategies for brand building in the Tama area. Brand building is not just for global, big-name companies. Local communities can also benefit from brand building to enhance sustainable economic growth. The Tama area must build a brand to take steps against globalization, population aging, a population decline, and "back to urban core" trends that are driving the population and universities back to the center of Tokyo. A literature review and a secondary data review were conducted to examine successful strategies for Tama brand building, and three key findings were identified. First, the new public plays a significant role in building the Tama brand. Tama Shinkin Bank, a leading credit association in the Tama area, helped establish a website to showcase high-quality souvenirs made in Tama, and this site contributes to awareness of the Tama area. Second, strategic zoning is essential. Because the Tama area has a rich natural, historical, and cultural heritage, zoning is diverse; therefore, Tama zoning should be defined according to each objective, such as industrial clusters and tourism. It is also effective to cooperate with other administrative districts to enhance attraction and increase tourism. Third, competition in the Tama area is important. This competitive strategy enhances the uniqueness of each community and captures significant attention overall. Brand building in the Tama area will play a valuable role in not only regional activation but also in creating global appeal when Tokyo hosts the 2020 Summer Olympic Games.

第6章
多摩地域のメディア
―コミュニティFMを事例に―

伊達　康博

第1節　再び問われる地域メディアの役割

　今日,「地域メディア」という語から連想される事柄は, じつに多様である。その要因として, 地域のメディアないしコミュニティ・メディアに関する定義が散在しているからであると考えることができよう。

　元来,「地域メディア」は, マス・コミュニケーションとパーソナル・コミュニケーションの中間に位置するコミュニケーション・メディアであると考えられてきた。しかし, このマスとパーソナルの関係は, 1990年代より順次進展してきたインターネットと2010年代におけるスマートフォンに代表される携帯型情報端末等の普及により大きな変容がみられるようになった。とくにパーソナル・コミュニケーションにおいてソーシャル・ネットワーキング・サービス（以下, SNS）が拡充化すると, コミュニティそのものがSNSに取り込まれ, 次第にコミュニケーションの比重がパーソナルな方向にシフトしつつある現況にあるとも考えることができる。

　そこで本章では, パーソナル・コミュニケーションが, 少なくとも量的に肥大化しつつある現況において「地域メディア」の現代的

な位置づけについてコミュニティFMのラジオ放送をテーマとして再検討した。そのうえで，多摩地域におけるメディアの一例として，立川市を中心に事業展開している「エフエムたちかわ」の取り組み事例を取り上げ，人びとの情報発信欲求とメディアのパブリック・アクセスの観点から「地域メディア」の今日的な社会的位置づけについて考えることとした。

第2節　地域メディアとしてのコミュニティFMの背景

▶2-1◀　コミュニティFMの定義と社会的位置づけ

　2014年11月現在，日本全国にコミュニティFMのラジオ局は284存在している。コミュニティFMの法的な位置づけについて，放送法施行規則別表第1号によれば，「一の市町村［中略］の一部の区域［中略］における需要にこたえるための放送をいう」と定義されている。

　また，1991年7月の臨時行政改革推進審議会における「国際化対応・国民生活重視の行政改革に関する第三次答申」などにおいて「地域の個性を十分に発揮した多様で創造的な地域造り」が提唱されたことなどの状況を踏まえて，1992年1月にコミュニティFMが制度化されたという（石田　1997：76-77）。こうした地域情報化政策における理念的な経緯から，コミュニティFMは，そもそも地域に密着した情報を提供するための放送局として構想されたものだといえるだろう。

　放送エリアが狭い地域に限定されるコミュニティFMは，本来，情報の拡散のためのメディアとしてラジオを捉えた場合，情報の拡散範囲を限定してしまうという意味で，マイナスに作用すると考え

られがちである。しかし，コミュニティFMの電波到達範囲における物理的な限界があるからこそ，放送範囲のコミュニティの紐帯における効果が期待されているわけでもある。このことは，ラジオのみならずケーブルテレビなども含めたコミュニティ放送について考える際に認識を深めておくべき重要な要素であるといえよう。

このコミュニティの紐帯における効果は，コミュニティFMで放送される番組の内容と関連してくると考えられる。それは，「その番組をなぜその放送局で放送するのか」という問いと向き合うことが，県域放送など既存のラジオ局と差別化され，ローカリティにもとづくステーション・アイデンティティ（放送局の存立理由）を確立するうえでの足掛かりとなるためである。

つまり，コミュニティFMの場合，発信される情報の拡散範囲が，狭く限定されているがゆえに，かえって当該地域の聴取者にとってその番組がどのような意義を持つのかということが問われることになるといえるだろう。そのうえで，番組の企画や編成においても地域の住民や在勤者にとって有用であると考えられるような内容の放送が，県域放送などにも増してより期待されている要因だと考えることができる。すなわち，この点がマス・メディアと地域メディアの特性における大きな差異であるといえるだろう。

▶2-2◀ かつての違法放送と人びとの情報発信欲求との関係

ラジオ局を開設するには，少なくとも日本においては，電波法と放送法の要件を満たす必要があり，個人がラジオ局を開設し放送することは，実質上許されていない。日本のみならず世界的にも電波は，公共の財産と位置づけられていることから，日本においてその

一定領域を占有するには,電波行政を所管する総務省による無線局設置の免許が必要となる。さらに,電波を使用して広く公衆に向けて伝播・送信するためには,基幹放送事業者ないし一般放送事業者[1]の許認可も必要となる。このように放送におけるさまざまな規制が敷かれている中で,違法に放送を行うことは,一般的に海賊放送と呼ばれている。

1950年代後半から1970年代後半にかけて欧州地域で流行したパイレーツ・ラジオと呼ばれた海賊放送やラジオ・リーブルと呼ばれた市民放送は,現代の日本におけるコミュニティ FM のあり方を考察するうえで参考になるといえる。

海賊放送は,欧州のほとんどの国で公共放送しか存在していなかった1950年代後半に公海上の船からロックやフォークなどの音楽や,サブカルチャー的な番組を送信していた。1970年代後半に海賊放送は陸上での活動に変化し,番組も言論・表現の自由を求める内容になっていきラジオ・リーブルと呼ばれた。

平塚千尋は,海賊放送を「企業家による若者向けの音楽放送を主な内容とする大規模・組織的な広域の商業放送」(平塚 2002:33)を目指したもの,ラジオ・リーブルを「多様な言論表現を求める社会運動家,表現者による小規模・小電力でゲリラ的なローカル非商業志向の強い放送市民運動」(前掲書:33)と定義し,海上か陸上かという送信場所や放送内容の違いだけではなく,その目的の点でも区別すべきことを説明した。

このようにマス・メディアとは異なる第3の放送という位置にあるという点で,かつての海賊放送やラジオ・リーブルが,現在のコミュニティ FM と似た社会的性質を備えていたと考えることもで

第6章　多摩地域のメディア

きよう。

　また，欧州のみならず日本の多摩地域においても，トラック運転手の違法無線等も含めてこれまでに多数の違法放送局が摘発されてきた。それらのなかで，ここでは朝日新聞で報道された次の2つの違法ラジオ事件について概観し，それらの行為と人びとの情報発信欲求について検討してみたい[2]。

　ひとつめは，1979年に朝日新聞で掲載された「こちらFM西東京????海賊放送，ヤングに大受け」という記事である。この記事は，八王子市内のアパートにFMラジオの私設放送局を無免許で開設し，東京，神奈川，茨城などの半径数十キロの範囲で音楽やディスクジョッキーを流していた2人の大学生が，電波法違反（無線局の違法開設）の容疑で逮捕・送検されたことを報じた。

　記事における容疑者（当時）の警察での供述によると，自らの放送局を「FM西東京」[3]と名乗り，放送は約3か月間行われたとされている。また，郵便局に私書箱を設置して音楽のリクエストやコメントなども受け付けており，放送期間中，中学・高校生を中心とした聴取者から約600通ものはがきが寄せられたという。彼らは動機として，無線機やオーディオ遊びとして始めたものの，他の海賊放送をライバル視するようになり徐々に出力を上げ，私書箱を開設してからは，中学・高校生にもてはやされるのがうれしかったと語ったとされている。

　2つめは，2011年に朝日新聞で掲載された「無許可FM局30年」という記事である。この記事は，日野市内の自宅において「FM百草」と称した無許可のFM局を開設し，DJと称して約30年間に渡り音楽番組を放送していた男性が，電波法違反（無線局の違法開設）

の容疑で逮捕されたことを報じた。

　記事における容疑者（当時）の供述として，中学3年生の頃から無許可のFM放送を始め，1999年頃からは週末にJポップや演歌など約1万曲を用意して，携帯電話のメールで聴取者から募ったリクエストに応えて音楽を放送していたとされている。また，「リスナーの反応がうれしくてやめられなかった」と動機について供述したという。

　これら2つの事件の動機として共通していることは，まず，聴取者からの反応である。また，1970年代に小型で安価なワイヤレス・マイクが登場し，ラジオ愛好家を中心として放送遊びが流行した背景も指摘できる。また，和田敬によれば「ミニFMはワイヤレス・マイクを応用したメディア実践で，その原点は『プライベート』な交信遊びだった。しかし，仲間を増やし，『放送』の形態をとり，リスナーを獲得することでしだいに『オープン』へと開かれた」（和田　2013：105）と技術史的な観点から捉えている。

　そのうえで，「このようにミニFMは，近隣の見知らぬ者同士をつなぎ，かかわりを深めていくものとして機能した。さらに，音楽や技術などをシェアして話題を広げたり，興味を与えたりするきっかけとしても機能した」（前掲書：105）と考えることもできる。そのようなコミュニケーションの内実として，和田は「現在の動画配信サイトやストリーミング配信で行われているコミュニケーションが，ローカルメディア上において先取りされたものだった」（前掲書：109-110）とも述べている。

　ちなみに，現代のメディア環境においては，インターネットを介したコミュニケーションが主流になってきていることから，海賊ラ

ジオへのニーズは減少してきていると考えられるものの，現代の動画サイトなどにおいてもテレビ番組や音楽などの他者の著作権を侵害する違法アップロードが横行し，閲覧者のコメントなどが投稿され続けている現況が指摘できる。このようなコミュニケーションそのものに主眼を置いた人びとの情報発信欲求は，一方的に情報を発信する送り手と，それを鵜呑みにせざるをえない大多数の受け手という従来のマス・コミュニケーションが基礎としていた構図からの解放への欲求と捉え直すこともできるだろう。

そのうえで，情報発信における情報リテラシーの向上は，現代的な課題として再検討されるべきであろう。そして，そうした情報リテラシーの涵養を担うセクターとして，マス・メディアでは規模が過剰となり，他方でパーソナル・メディアでは個人同士の交信という特性から組織化ないし体系化が困難であることから，それらの中間に位置するメディアとして，地域メディアが再評価される余地は今日でも十分にあると考えられる。

第3節　多摩地域におけるコミュニティFMの現況
──「エフエムたちかわ」を事例として

東京都下の多摩地域には，現在5つのコミュニティFMラジオ局が存在している。開局順に列挙すると，武蔵野市の「むさしのFM」(1995年開局)，西東京市の「エフエム西東京」(1998年開局)，調布市の「調布エフエム」(1998年開局)，東村山市の「多摩レイクサイドFM」(2004年開局)，立川市の「エフエムたちかわ」(2007年開局)である。これらのなかで，「エフエムたちかわ」は現在，多摩地域でもっとも新しいコミュニティFM局であり，立川市に本

社を置くエフエムラジオ立川株式会社により運営されている民間放送局である。

「エフエムたちかわ」は，立川市全域および隣接市の一部を放送エリアとして周波数84.4メガヘルツ，送信出力5ワットにて放送を行っている。同局は，防災協定を立川市，国分寺市，昭島市，武蔵村山市，国立市，東大和市とそれぞれ締結している。なお，民間放送である同局の主な事業内容は，放送時間の販売，番組制作と販売のほか，音楽や映画などの文化事業，スポーツ事業等の企画，制作，主催，後援などである。

2013年9月現在の「エフエムたちかわ」における広告（コマーシャル＝CM）料金は，次のように設定されている。20秒あたりフリースポットCMが2,000円，スポットCMが3,000円，時報CMが4,000円である。また，番組出演者が聴取者に語りかけるように放送する生コマーシャル・パブリシティは，1分7,000円，5分14,700円，15分で26,250円であり，番組提供スポンサーとしてのタイムCMは，5分番組で14,700円，30分番組で31,500円，60分番組で55,650円，120分番組で105,000円と設定されている。

このように，比較的低廉な価格設定により市民がより放送に参画しやすい環境が整えられているといえるものの，現状では市民サイドの参加意識はあまり高いとはいえない状況にあるという。しかし，インターネットにおける各種の情報発信支援ツールが拡充し，玉石混淆の情報が社会に流通する現況において市民が放送免許を有するコミュニティFM局から情報発信を行うことは，インターネット上で流通する情報に対して比較優位性が担保されることにもなるといえるだろう。

第6章　多摩地域のメディア

　また,「エフエムたちかわ」はインターネットを介した同時放送であるサイマル放送にも進出している。サイマル放送の聴取方法としては,世界のコミュニティFMの自主制作番組や音楽をネット配信するウェブサイト「Listen Radio」でも聴取できるほか,近年,飛躍的に普及したスマートフォン用のアプリケーションをインストールすれば,ポータブル・ラジオのような聴取が可能となる。

　このサイマル放送の取り組みによって,現在では多摩地域以外にも「エフエムたちかわ」の聴取者が存在するという。したがって,サイマル放送が拡充していく現況において,地域が狭く限定されたコミュニティ放送といえども,実質上では世界規模での情報発信を行っているともいえるのである。このように,放送と通信の融合が進展しており,そのコストも低廉化しているため,コミュニティFMも通信分野をより活用してラジオ局への認知と番組の普及を増大させる機会が拓かれたといえるだろう。

　以上のように,「エフエムたちかわ」ではさまざまな取り組みが実施されているが,コミュニティFM局にとってランニング・コストの問題は,「エフエムたちかわ」のみならず多くの放送局が抱える課題である。そもそも,放送法における放送免許の審査基準は,安定的な放送事業を進めることが前提で,5年間の経営計画書を提出することが義務付けられている。また,先述のサイマル放送についても,音楽著作権使用料が電波放送とは別途発生するため,2倍のコスト増になるという問題点も抱えている。たとえば,マス市場で活動する大企業のような大口スポンサーがつけば経営も安定するが,コミュニティ放送の特性とは相反することになる。

　このように,コミュニティ放送では従来のマス・メディアのビジ

ネス・モデルをそのまま援用できない困難性が横たわっていると指摘できる。また，コミュニティのメンバーにコミュニティ放送を活用しようという発想があまりみられないことも放送局の経営を困難にしている大きな要因であるとも考えられるだろう。

したがって，個人の情報発信欲求が増大する現況において一般市民の情報発信を支援するサービス・セクターとしてコミュニティ放送が再定義される余地もあるといえるだろう。そもそも，人びとの情報発信欲求がより高まりつつある現況において放送免許を持つコミュニティFM局を使って情報発信を行うことは，インターネットでの情報発信よりも信憑性の点で優位性が高いうえに県域放送よりもコストが安価であるため，コミュニティFMは人びとの情報発信ニーズに対して相当な訴求力を潜在的に備えていると考えられる。

第4節　地域メディアの再考と未来に向けての課題

▶4-1◀ 社会的資源としてのコミュニティFMの可能性

前述の通り玉石混淆の情報が流通するインターネットに対して放送免許を有するコミュニティFM局が持つ公共的特性を活用することを視野に入れると，地域メディアの有用性は十分に見直される余地があるといえるだろう。

インターネットが普及する以前，コミュニティFMは市役所等からの公的情報の周知方法として優位性を持っていた。とくに，コミュニティFMは，震災等の災害時において重要な社会的資源として見直されるケースが，これまでにも一般的に広く認識されてきた。

総務省は，災害時に臨時災害放送局（FM放送）の開設手続きを行うことで被災した市町村等の口頭での申請に対して免許を交付す

第6章　多摩地域のメディア

る「臨機の措置」を講じている。この「臨機の措置」は，地震・風水害等により甚大な被害に遭った市町村からの申請により，遭難情報，道路状況，交通情報，停電情報等の生活関連情報を提供する放送局に対して免許交付されるものであり，電波使用料は無料とされ，かつ音楽著作権料もこれまでに設置された臨時災害放送局においては無償とされてきたという経緯がある[4]。

臨時災害放送局は，1995年に発生した阪神淡路大震災時に始まり，2004年の新潟県中越地震や2011年の新燃岳噴火などでも開局した。2011年の東日本大震災においても総務省東北総合通信局は，地震・風水害等の非常災害時に住民に対して必要な情報を正確かつ迅速に提供するため，速やかに臨時災害放送局を開設できるよう「臨機の措置」による免許制度を整備した。

ちなみに，臨時災害放送局はいずれも数か月から長くても1年ほどで閉局するケースがほとんどであるが，東日本大震災では被害の甚大さもあり，震災後4年が経過した2015年現在においても放送が認められている。

東日本大震災におけるコミュニティFMのニーズについて調査した松岡勝実によれば「災害FMは震災後1か月間ほどの応急的復興の過程においてニーズが高いこと，中長期的な復興過程においては身近なコミュニティ放送局としてのニーズが高まっていること，災害FMには市の広報等の情報を市民にわかりやすく伝える媒介の役割を求められている」（松岡　2014：35）ことがこれまでに明らかにされている。

しかし，震災から3年後のニーズ状況として，「80％以上は災害FMの必要性を認めているが，最近はあまり聞かなくなった人は

53％に上った」(前掲書：35) ということからも，災害直後の情報入手の手段としてのコミュニティ FM の有用性は認められるものの，その後，地域メディアにまで発展する可能性は，きわめて低いことがわかる。

その一要因として，臨時災害放送局から正式なコミュニティ FM 局へ移行するには，設備維持費に加え，電波使用料や著作権使用料など資金面での課題や放送事業者としての正式な審査が必要となるという手続き面での課題があることも指摘できる。そのため，災害直後における一定の役割を終えた臨時災害放送局が，コミュニティ FM に発展しにくいという傾向があり，社会的資源としてコミュニティ FM を維持していくことの困難さも同時に指摘できる。

▶4-2◀ メディアの市民参加としてのパブリック・アクセス

日本において，コミュニティ放送が制度的に確立されたことによって，その社会的位置づけが大きく変化したことは確かである。それは，コミュニティ FM が，パブリック・アクセスのためのオープン・チャンネルとしてコミュニティに開かれたと再定義することもできるだろう。この変化によって，従来のように限られた人びとだけがメッセージを広く伝播させていた状況から，一市民でも自らの表現を広く伝播することが可能な状況となったわけである。つまり，コミュニティ FM は言論や表現の自由や多様性を保障する仕組みとしての役割を担うようになったと評価することができるだろう。

かつての違法放送は，既存の放送がもたらすコンテンツに飽きたらず，新しく自由な文化を自分たちで手に入れたいとする欲求の発

露であり，そのような意識を共通に持った人びとの集合であったと考えることができる。こうした欲求は，現代においてもインターネットがその機能を代替していると捉えることができるだろう。しかし，インターネットを介した個人による情報発信には秩序などの点で限界があるため，先述のとおりコミュニティ放送が市民の情報発信を支援するセクターとして機能する余地は，十分にあると考えられる。そうした意味で，今後コミュニティ放送が，人びとの中に恒常的に存在している表現欲求を具現化させ，同時にその洗練の度合いを高める手段として再定義される可能性もあるといえよう。コミュニティの市民が，地域のパブリック・アクセスへの機会を活用することは，市民の情報リテラシーを向上させ，同時にコミュニティ自体の情報発信能力を高めながら，コミュニティ自体の価値をも増大させる効果も期待できるといえるだろう。

第5節　今後の地域メディアの進展に向けて

　地域メディアは，マスとパーソナルの中間に位置するコミュニケーション・メディアであると考えられてきたが，このマスとパーソナルの関係は，高度情報化の進展により大きな変容がみられるようになった。そこで本章では，パーソナル・コミュニケーションが，少なくとも量的に肥大化しつつある現況において地域メディアの現代的な位置づけについてコミュニティFMをテーマとして再検討してきた。

　本章では，多摩の地域メディアの一例として，かつて多摩地域で発生した違法放送に通底していた動機や「エフエムたちかわ」の取り組みの事例を取り上げ，人びとの情報発信欲求とメディアのパブ

リック・アクセスの観点から地域メディアの今日的な社会的位置づけについて検討した。それらの検討から得られた知見は，おもに次の3点に集約される。

　第一に，放送と通信の融合が進展しており，そのコストも低廉化しているため，コミュニティFMも通信分野をより活用してラジオ局への認知と番組の普及を増大させる可能性があると考えられる。

　第二に，放送免許を持つコミュニティFM局を使って情報発信を行うことは，まず，インターネットでの情報発信よりも信憑性の点で優位性が高く，また，県域放送よりも番組提供コストが安価であるため，情報発信欲求が高いコミュニティ・メンバーにとって価値が高いと評価できる。

　第三に，コミュニティ・メンバーがメディアへのパブリック・アクセスの機会を活用することは，メンバー各自の情報リテラシーを向上させ，同時にコミュニティ自体の情報発信能力を高める効果があると考えられる。

　以上のように，近年メディア環境がさまざまに変容しつつあるなかで，第三のメディア・セクターとして地域メディアをどのように活用するかは，地域の市民の主体性と大きく関わっていると考えられる。また同時に，社会的資源としての地域メディアを永続的に保持し，人びとが主体的に活用することができるか否かが今後の高度情報化社会においてコミュニティを維持していくための文化的な岐路であるともいえるだろう。

【ヒアリング実施の日時】
2014年8月27日：エフエムラジオ立川株式会社

第6章　多摩地域のメディア

■ 注 ■

1）放送法で一般放送事業者は，登録一般放送事業者と届出一般放送事業者に大別され，コミュニティFM局は届出一般放送事業者に区分される。ちなみに，登録一般放送事業者は，番組基準の制定および放送番組審議会の設置が義務付けられる。
2）先行研究において和田敬（2013）は読売新聞の記事によって同事件を分析している。
3）この記事における「FM西東京」は，東京都西東京市にて株式会社エフエム西東京が運営しているラジオ局「エフエム西東京」とは一切関係がないので，注意されたい。
4）一般社団法人日本音楽著作権協会2011年3月17日付プレスリリース「東日本大震災で被災された事業者の皆さまの著作物使用料のお取扱いについて」（http://www.jasrac.or.jp/release/11/03_1.html）等を参照。

■ 引用・参考文献 ■

浅岡隆裕「地域情報の制作・流通に関わる要因の整理」林茂樹・浅岡隆裕編『ネットワーク化・地域情報化とローカルメディア』ハーベスト社：47-73（2009）

阿部潔「情報発信行動とこれからの社会関係」児島和人・橋元良明編『変わるメディアと社会生活』ミネルヴァ書房：231-246（1996）

石田隆章「コミュニティ放送の新たな展開」郵政研究所編『郵政研究所月報』100号：76-84（1997）

大石裕『地域情報化―理論と政策』世界思想社（1992）

川島安博「地域メディアに関する研究動向」林茂樹・浅岡隆裕編『ネットワーク化・地域情報化とローカルメディア』ハーベスト社：14-46（2009）

隈元信一「ラジオ放送」向後英紀・古田尚輝編『放送十五講』学文社：212-229（2011）

小林宏一「デジタル時代の放送世界―歴史的パースペクティヴから」橋元良明・吉井博明編『ネットワーク社会』ミネルヴァ書房：134-160（2005）

総務省「コミュニティ放送の現状」http://www.tele.soumu.go.jp/j/

adm/system/bc/now/index.htm（最終アクセス日：2015年2月3日）

田畑暁生『地域情報化政策の事例研究』北樹出版（2005）

津田正夫・平塚千尋編『新版　パブリック・アクセスを学ぶ人のために』世界思想社（2006）

平塚千尋「海賊放送から市民放送へ」NHK放送文化研究所編『放送研究と調査』2002年2月号，日本放送出版協会（2002）

松岡勝実「活動報告　防災まちづくり部門」岩手大学地域防災研究センター編『平成25年度岩手大学地域防災研究センター年報』（2014）

水野博介『ポストモダンのメディア論―過渡期のハイブリッド・メディアと文化』学文社（2014）

和田敬「ローカルメディアの技術変容　ミニFMという実践を補助線に」飯田豊編『メディア技術史―デジタル社会の系譜と行方』北樹出版：98-112（2013）

「こちらFM西東京????海賊放送，ヤングに大受け」『朝日新聞』1979年4月11日付（東京版）朝刊23面

「無許可FM局30年」『朝日新聞』2011年7月19日付（東京版）夕刊11面

Chapter 6
The Current Significance and Future Agendas of Community-based Radio

Yasuhiro DATE

Community-based media and communications are seen as intermediaries between mass communication and personal communication since they contribute to the generation of community-based interactions and a sense of community. Specifically, community-based radio played a significant role in providing the latest disaster information for survivors in the aftermath of the 1995 Great Hanshin Earthquake and the 2011 Tohoku Disaster. However, the development of social networking sites (SNSs) has led to a blurring of the social boundaries between mass, intermediate, and personal communications since they provide methods as well as sites of interaction for people and groups at various levels. As SNSs gain popularity, community-based media has tended to alter its content and delivery of services and communications. In order to identify the current significance and future agendas of community-based radio, this chapter focuses on FM Tachikawa – one of the leading community-based radio stations in the Tama area. Using qualitative inquiry, three key findings have been identified. First, licensed community-based radio is more advantageous than prefecture-based radio in terms of its low cost, and it continues to be more beneficial than SNSs in terms of its high credibility. Second, community-based radio is supposed to strengthen the integration of broadcasting and communication services, thus furthering their diffusion. Finally, community-based radio provides an opportunity for the public to access media, thus contributing to enhanced media literacy and communicative action among community members.

第7章
立川市第4次長期総合計画
―多様な市民参加による計画策定―

立川市総合政策部企画政策課
河野　匡人・横溝　大樹

第1節　立川市の概要

　立川市は，東京都のほぼ中央，西寄りに位置しており，多摩地域の中心部分にあって，昭島市，小平市，日野市，国分寺市，国立市，福生市，東大和市，武蔵村山市と接している。市域の南側には東西に流れる多摩川が，北側には武蔵野台地開墾の源となった玉川上水の清流が流れ，地形は平坦である。

　JR立川駅周辺は商業や業務などの機能が集まり，市域の中央部分には国営昭和記念公園や広域防災基地，自治大学校などがあるほか，国の行政機関が移転して市民に開かれた研究交流拠点として期待されている。

第2節　長期総合計画と地方自治法について

▶2-1◀　長期総合計画のこれまでの展開

　まちづくりを進めていくためには，長期的な視点であらゆる分野を総合的に勘案した中で行政運営を進めることが重要となってくる。そのために，各市町村は，さまざまな計画を策定し，その計画に沿ったまちづくりを展開している。

これから，市町村における計画の中でも最上位に位置する長期総合計画の策定について，立川市の策定経過などを述べていく。

　長期総合計画は，行政運営の根幹をなす長期的，総合的な行政計画であり，基本構想，基本計画などで構成される計画の総称である。長期総合計画における基本構想については，1969（昭和44）年，地方自治法の改正によって，市町村は，議会の議決を経て行政運営の基本構想を定め，行政の計画的，総合的な運営を図ることが義務づけられた。これは，戦後の復興期を過ぎ高度成長期に入った当時の日本にあって，地域の行政水準や社会資本整備を計画的に展開する必要性から法律改正が行われたものである。
　このような中，立川市は，地方自治法の改正趣旨を踏まえ，1974（昭和49）年に立川市長期総合計画，1985（昭和60）年に立川市新長期総合計画，そして，2000（平成12）年には立川市第3次長期総合計画を策定してきた。

▶2-2◀ 地方自治法の改正と長期総合計画の策定

　昨今，地方公共団体を取り巻く環境は，人口減少や少子化，高齢化の到来，家族やコミュニティの変容をはじめとする社会や経済といった外部環境の大きな変化の真っただ中にあり，このような時代の流れの中で，市町村が自らの判断と責任のもと地域の実情にあった多様なまちづくりを行うことが求められ，地方分権に向けて改革が進んでいる。
　2011（平成23）年には，地方自治法が改正され，「自らの暮らす地域のあり方について地域の住民一人ひとりが自ら考え，主体的に

行動し，その行動と選択に責任を負うようにする改革が必要である」という考えのもと，市町村に義務づけられていた基本構想の策定義務が廃止され，策定については各市町村に委ねられることになった。

めまぐるしく社会が変化する中にあって，立川市も多くの課題に直面しており，市民や多様な主体と行政が力を合わせて課題に立ち向かい，立川らしいまちづくりを進めてその存在感を高めるとともに，市民が豊かさやうるおいを感じられる新たな地域社会を創りあげ，次世代に引き継いでいくことが求められている。

立川市は，長期的な展望とまちづくりの将来像を示し，めざすまちの姿の実現に向け，社会の変化に対応しつつ，計画的に市民とともにまちづくりを進めていくために，市政運営の指針となる長期総合計画を引き続き策定することとした。

第3節　立川市第4次長期総合計画について

▶3-1◀　概　　要

立川市第4次長期総合計画は，市の最上位に位置づけられる計画であり，基本構想は，めざすまちづくりの「将来像」や「都市像」などを定めているものであり，計画期間は，2015（平成27）年度を初年度とし，目標年次である2024（平成36）年度までの10年としている。また，基本計画は，基本構想に定められた「将来像」を具現化するための施策の基本方針について記載しており，基本構想の計画期間である10年を5年ごとの「前期」，「後期」に分けた2期の計画である。

▶3-2◀ 将来像・都市像・基本理念

これから主に,基本構想に定めている将来像,都市像,まちづくりの基本理念について述べる。

21世紀に入り15年が経過し,わが国は大きな時代の変革期を迎えようとしている。『平成25年版高齢社会白書』によると,日本の人口は2010(平成22)年をピークに減少に転じており,50年後には2010(平成22)年度比67.7％に減少するといわれている。人口構造についても世界でも類をみない速さで少子化,高齢化が進行している。また,近年では,東日本大震災をはじめとした自然災害が増加し,その被害も大きくなっている。そういった中,東日本大震災の経験により地域の絆の重要性が再認識されている。

立川市においても,人口構造の変化に伴う生産年齢人口の減少や一人暮らし高齢者・高齢者のみの世帯の増加等が進行しつつある。また,高齢化の進展による社会保障費の増加への懸念や公共施設・都市インフラの老朽化による改修費用等の増加が見込まれるなど,限られた財源の中,複雑化・多様化する行政需要へ柔軟に対応することが求められている。

このような社会潮流の変化に的確に対応していくためには,まちの将来を市民とともにつくっていくことが肝要であり,行政のみならず市民の英知も必要となってくる。市民や地域団体,事業者など多様な担い手が個性や能力を生かしながら,これまで以上に連携・協力することで,持続可能で活力ある地域社会を構築することができる。

これまで市民とともに培ってきたまちづくりの財産を次世代に引き継ぎ,充実した地域社会の未来を見据えながら,新たな時代に向

第7章　立川市第4次長期総合計画

けて舵を切る必要がある。

　そこで，1985（昭和60）年に策定の新基本構想に定められた将来像「心のかよう緑豊かな健康都市 立川」については，今後の時代を見据えて見直しを行い，新たな将来像を定めた。

〈新たな将来像〉「にぎわいとやすらぎの交流都市　立川」

　この将来像の実現されたまちのイメージは，次のとおりである。

　「多摩地域における交通の要衝である立川は，JR立川駅を中心に産業や文化などの集積を図ることにより多様な交流を育み，さらなる発展を遂げ，にぎわいを見せています。一方，砂川地域を東西に広がる農地や玉川上水・多摩川・残堀川，日本を代表する国営昭和記念公園など，自然や緑といったうるおいに満ちた空間が身近にあり，また，人と人とのふれあいや絆を大切にした地域に根ざした活動が活発に行われ，日々の暮らしの中でやすらぎを感じることができます。

　このように，にぎわいとやすらぎを兼ね備えた立川は，市民やまちを訪れる多くの方たちの交流による立川らしい新たな価値を創造しながら，多摩地域の中心のまちとしてさらに発展し続けています。」

　この新たな将来像の実現に向けて，まちづくりの大きな方向性を示す5つの都市像は，次のとおりである。

1　育ちあい，学びあう文化の香り高いまち

　未来を担う子どもたちを育てる場や市民の学びの機会が充実し，市民の多様な交流による創造性あふれる文化の香り高いまち

2 **安全で，環境にやさしい快適なまち**

　日々の生活を安心して送ることができる環境が整い，うるおいに満ちた緑あふれる自然に囲まれた快適なまち

3 **人々が交流し，さまざまな価値がうまれる活力あるまち**

　都市機能の充実とそれを効果的に活用した産業の振興により，人・モノ・情報が集まり，ビジネスをはじめとした新たな価値がうまれる活力あるまち

4 **ともに見守り支えあう，安心して健やかに暮らせるまち**

　互いに見守り支えあうしくみが構築され，住み慣れた地域で安心して健やかに暮らし続けることができるまち

5 **分権型社会に対応した持続可能なまち**

　効率的・効果的な行財政運営・地域経営が行われるとともに，住みやすい地域づくりに向けて市民が力を合わせ，協働による取組を積極的に展開する持続可能なまち

また，将来像，都市像を実現するため，政策の展開にあたっては，すべての政策を通底する考え方として4つの基本理念を定め，まちづくりを進めていくこととした。

1 **多様な主体による協働の推進**

　社会構造や財政状況の変化，価値観の多様化などにより地域課題が複雑化している中，多様な主体が公共・公益の視点から課題意識を共有し，それぞれの特性を発揮しあう，市民力を生かした協働によるまちづくりを進めていきます。

2 **積極的なシティプロモーションの展開**

　立川の立地や環境を生かし，人々が集いあうことで立川らしい

まちづくりと文化の充実を図り，市民の理解や共感を得ながら，その魅力を発信することにより，多摩の中心としてふさわしいまちづくりを進めていきます。

3　シニア世代や女性をはじめとした多様な人材の活躍

豊かな経験や知識を持つシニア世代の活躍の場の創出や，女性が活躍しやすい環境づくりなど，市民それぞれが力を発揮して，生涯活躍し続けることができる，生きがいを持てるまちづくりを進めていきます。

4　不断の行財政改革の推進

市民ニーズや行政需要に的確に対応するとともに，時代の変化を見越した行政経営を行うため，選択と集中による持続可能な行政サービスの提供や，資産の効率的な活用といった安定的な財政運営などによる，不断の行財政改革を進めていきます。

立川市は，第4次長期総合計画の基本構想に定めた将来像の実現をめざし，今後の10年間のまちづくりを進めていくこととしているが，施策展開にあたっては目標管理型の行政運営を実施するため，基本計画において施策毎に具体的な目標値である成果指標を定め，進捗管理を行いながら行政運営を展開していくこととしている。

第4節　「第4次長期総合計画」における市民参加手法について

第4次長期総合計画の策定にあたっては，多様な市民の声を計画に反映させるため，さまざまな取り組みを展開した。

図7-1　第4次長期総合計画検討市民会議
出所）立川市総合政策部企画政策課

▶4-1◀ 市民会議

1 市民会議の位置づけ

　第4次長期総合計画検討市民会議は，市民が立川の未来を考え，その思いを長期総合計画に反映させるために2013（平成25）年8月に設置され，2014（平成26）年8月まで約1年間にわたり議論を重ね，最終的に提言をまとめて市長へ提出した。

　市民会議の設置は，生活者目線の提言をうけることのほかに，市民会議終了後も引き続きまちづくりに参画する人材を創出することを目的としていた。市民会議への参加を通じて，参加者同士が議論を深める中で自分たちが生活する地域を見つめ直し，さらに関心を持ってもらうきっかけづくりに寄与することを期待していた。

2 市民会議委員構成

　市民会議に参加する市民を募集するにあたっては，多様な人材に参加してもらうためにさまざまな手法を用いて委員を募った。以下は，委員の構成と募集方法である。

第 7 章　立川市第 4 次長期総合計画

● 公募市民委員

　公募市民委員は，自らが手を挙げて参加した委員である。募集にあたっては，市広報や市ホームページ等で告知するとともに，図書館をはじめとした市内公共施設に募集チラシを配置した。「これからのまちづくりのためにわたしにできること」をテーマとした作文を基に選考を行い，19名が参加することとなった。第 2 次基本計画や第 3 次基本計画の策定時に設置された市民会議の参加者の中からも引き続き数名の応募があり，継続的に計画策定に参画してもらう形となっている。

● 無作為抽出市民委員

　市民会議委員を募集する際の課題として，いわゆるサイレントマジョリティとよばれる市民にいかにして市民会議に参加してもらうかということが挙げられる。そこで，無作為抽出市民委員として，住民基本台帳から18歳以上の市民850名を無作為抽出し市民会議への参加案内文書を送付した。850名への案内状送付に対して，男性 8 名，女性 8 名の計16名が参加することとなった。無作為抽出市民委員の中には20代を含む子育て世代がおり，「女性の参加割合の増加」，「子育て世代の参加者の増加」，「全体の年齢構成の均等化」につながった。

　住民基本台帳から無作為抽出した市民へ案内状を送付し，短期集中的に会議を行う「プラーヌンクスツェレ」という市民参加手法は全国的にも取り入れられている手法であるが，無作為抽出市民と公募市民等が同じテーブルで長期間にわたり議論を交わすのはめずらしい取り組みといえるのではないだろうか。

● 市内関係団体委員

市内で活動するさまざまな団体から参加者を推薦してもらった。具体的には，市民活動，自治会，教育，環境，防災，障害者，女性をキーワードに市内関係団体からの推薦により7名が参加した。市内関係団体委員の参加により，市民会議の議論が特定の分野に偏ることなく，網羅的に議論が進んだ。また，分科会形式での議論においても，市内関係団体委員が先導的な役割を果たした。

● インターンシップ委員

第4次長期総合計画に「若者」や「来街者」の視点や意見を入れるため，多摩地域の大学生に参加を呼びかけた。具体的な募集方法は，立川市が加盟する「公益社団法人 学術・文化・産業ネットワーク多摩」を通じて多摩地域の大学に広く募集をかけるとともに，「多摩学」の授業で連携を深めている帝京大学に個別に参加を依頼した。また，長期総合計画審議会の委員である学識経験者から学生の推薦を受け，結果，4大学から17名の学生が参加することとなった。

● 市職員委員

市民会議を市民の声を聴く貴重な機会と捉え，市職員も市民会議に参加することとした。市職員委員は，課長職6名（庁内政策別検討委員会の委員長から推薦）と公募による係長以下の職員13名で構成された。市職員委員は，参加する市民と同じ立場で意見交換を行うこととしたが，課長職の市職員委員については，行政の現状や取り組みについて説明を求められる場面もあった。係長以下の市職員委員は一市民として参加し，市民会議を通じて市民と意見交換を行い，職員力をあげることができる貴重な場となった。

第 7 章　立川市第 4 次長期総合計画

3 会議運営の手法（ワールドカフェ）

　市民会議の進め方については，ワールドカフェを採用した。ワールドカフェは，参加者を 5 ～ 6 名程度で構成される複数のグループに分けて，時間を区切って議論を行った後，1 名を残し他のメンバーが席を替え，同じ議題に対して議論を行う。これを繰り返すことにより，参加者全体でどのような意見が出たか情報共有を図り，また，参加者の互いの顔がわかる関係を築くことができた。

　参加者の多い市民会議においてワールドカフェ方式を採用することにより，参加者一人あたりの発言時間が十分に担保され，参加された市民の満足度が上がった。一方で，ワールドカフェは一種のブレーンストーミングの手法であり，出された意見を否定しないとのルールのもとで会議が進められるため，抽象的なものから具体的なものまでさまざまな意見が出され，その後の意見の整理がむずかしかったとの声も聞かれた。

4 市民会議の成果

　約 1 年間にわたり市民会議を開催した総括と次回の市民会議開催の参考とするため，市民会議終了時に市民会議委員に対してアンケートを実施した。市民会議委員（全78名）の内，39名の委員より回答があり，回答率は50.0％となった。

　市民会議への参加動機は，「立川市を良くするため」・「計画策定に興味があった」がそれぞれ22名，「立川市を知るため」が14名となった。また，多様な募集方法を採用したことについては，「大変よかった」が 7 名（17.9％），「よかった」が24名（61.5％），「あまりよくなかった」が 7 名（17.9％），「よくなかった」が 1 名（2.6％）と概ね好評価であった。

個別の意見としては,「立川市の行政の現状やあり方について,市民の考えや意見,職員の問題意識などを直接知りたかった」や「立川市行政の基となる長期総合計画がどのように作成され,それがここの個別計画に反映されるかのしくみが判り,大変参考になった」,「今回の計画づくりは,限られた財源のもとで,思い切った政策選択なしには実効性のあるものにはならない。あれもこれもの時代は終わり,あれかこれかの時代である」などの意見があった。市政に対する関心を高められたことや参加者同士の交流が大きな成果となった一方で,約1年間の長期間の参加となるため,会議運営にあたっては,時間配分や検討方法等を一貫した方針により進めることが求められているといえる。

　市政に関心を持ち,立川市を良くしていきたいという想いを持って参加した市民を中心に,今後の立川市の一翼を担っていく良きパートナーを得たといえる結果になった。立川市にとって貴重な財産である。

▶4-2◀ 市長と語ろう！（市長との意見交換会）

　市長が直接市民と意見交換する機会として,長期総合計画策定（案）に連動した4つのテーマ（自然環境・地域福祉・文化芸術・都市型観光）で「市長と語ろう！」（市長との意見交換会）を開催した。また,テーマを定めないで市内6か所の会場でも実施し,平成26年度には全10回の開催となった。

　「市長と語ろう！」の実施にあたっては,広く参加を募ると同時に,いわゆるサイレントマジョリティとよばれる市民に参加してもらうために,市民会議と同様に住民基本台帳から無作為抽出した市

第7章　立川市第4次長期総合計画

図7-2　「市長と語ろう！」（市長との意見交換会）
出所）立川市総合政策部企画政策課

民（18歳以上の市民1,200名）に案内状を送付する手法を用いた。結果として，無作為抽出で参加案内文書を送った中から，男性7名，女性6名の計13名の参加があった。20代を含む幅広い世代に参加してもらうきっかけとなり，女性や若者世代の参加者増加につながった。

　女性，若者世代の参加者増加は，市政にとってとても重要な意味を持つ。あらゆる世代の人に参加してもらうことは，よりバランスのとれた市政運営をすることにつながっていく要因になるだろう。

▶4-3◀　市民意向調査

　第4次長期総合計画策定の基礎資料とするために市民意向調査を実施した。住みよさ満足度や市政全般などについて意見を求めている。なお，市民意向調査は長期総合計画策定ごとに実施しており，過去に実施した市民意向調査と比較してどのように市民意識の変化がみられるかを把握・分析することを目的としていた。

具体的な調査方法は，市内在住の18歳以上の男女3,000名（住民基本台帳から無作為抽出）に対しアンケートを郵送配布・郵送回収として2012（平成24）年11月24日から12月12日までの調査期間を設けて実施した。回収数は1,572件（回収率52.4％）となった。

市民会議が会議体としての市民の意見を聴く場である一方，市民意向調査は市民一人ひとりの個々の意見を聴く機会と位置づけている。

▶4-4◀ 来街者意向調査

来街者意向調査は，立川市を訪れる来街者を対象に，来街目的や立川市の印象等について調査するものである。長期総合計画策定に向けた来街者意向調査は初めての試みであったが，交通の要衝という立川の特性を踏まえたものであり，来街者の意向を把握することで今後のまちづくりに生かすことを目的として実施された。

具体的な調査方法は，立川の来街者のうち，概ね中高校生以上の男女を対象とし街頭インタビューによるアンケートを実施した。平成25年3月17日から3月26日までの間の6日間（土日3日，平日3日）の調査の結果，615名から回答を得ることができた。

▶4-5◀ パブリックコメント

第4次長期総合計画策定にあたり，2015（平成27）年1月10日から1月30日まで，広く市民の意見を募集するため，パブリックコメント（市民意見公募）を実施した。

実施にあたっては，広報「立川市長期総合計画市民意見募集（パブリックコメント）特集号」を発行し，市内全戸配布を行った。また，全戸配布と合わせて市ホームページへの掲載や市内公共施設

（全41か所）に長期総合計画（案）を配置することで広く市民の意見を募集した。

結果として194件の意見が寄せられた。計画策定の最終段階で市民意見公募を行うことにより，計画のブラッシュアップを図ることができた。

▶4-6◀ 長期総合計画審議会

立川市長期総合計画審議会条例に基づき，関係市民団体が推薦する者，公募市民，学識経験者，市長部内の職員で構成する審議会を設置し，市長の諮問に対し，第4次長期総合計画における基本構想について，平成25年8月から平成26年7月まで計8回の審議を行った。

審議会では鳥の目（立川市の多摩地域での立ち位置を含めて，立川の現状を大きく俯瞰する）の視点で審議を行い，平成26年7月に市長へ答申を提出した。答申の内容は，「基本構想策定における基本的視点」と，「基本構想素案に対する意見」についてで，今後の立川市の向かうべき方向性がまとめられている。

この答申を受け，基本構想の策定を庁内検討委員会において進めた。

▶4-7◀ 市民参加に関する考察

このように，第4次長期総合計画の策定過程において，複数の市民参加メニューを用意した。多くの市民の参加により，多様な意見を聴くことで市民の意見を十分に計画に反映させることができた。タウンミーティングやワークショップの中で出てくる市民の意見は，日常の暮らしの中から生まれるものであり，おのずと個別具体的な内容が数多く出されることとなる。そのような個別具体的な意見は，

限られた財源の中にあってはすぐに事業に結び付けることはたやすいことではない。具体的な意見から，市民ニーズを整理し，その方向性や方針を計画に反映させていく作業が重要となってくる。

市民会議においては若手職員が市民の皆さんとワークショップを繰り広げていったが，日頃の業務とは異なる立場で市民と接することができた。市民の皆さんからさまざまな気づきを与えられたことが職員の大きな成長につながっているのではないだろうか。

一方で，市民会議の運営方法については，参加者の満足度をより上げていくために，会議を円滑に運営していくことが重要となってくる。会議の進め方については参加者の合意を得ること，また，会議の進捗の具合に応じて参加者の意思等を確認しながら進めていくことが必要である。

これからのまちづくりにおいて，昼夜間人口比率が高い立川市は，住んでいる市民のみならず来街者の視点も十分に生かしていくことが必要である。立川市を訪れる来街者が，立川を知り，魅力を感じ，再び立川に訪れる。また，将来的には立川に住みたくなるような市政運営を進めていく必要があると考える。

市民のライフスタイルは多様化し，さまざまな価値観を持った市民が生活を営んでいる。市民参加の手法については，時代に合わせた多様なメニューを用意することがこれからもますます必要となってくる。その時代にあった手法やツールを用いることでより多くの市民の声を計画に反映させ，結果として協働の担い手でもある市民の賛同を得られる計画を策定し，協働のまちづくりが推進されるのである。

第 7 章　立川市第 4 次長期総合計画

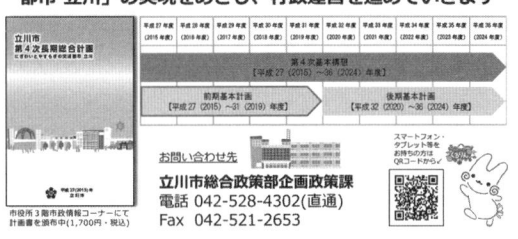

図 7 − 3　第 4 次長期総合計画 PR ポスター
出所）立川市総合政策部企画政策課

第 5 節　市民とともにつくる"まち"の将来

　以上，立川市の第 4 次長期総合計画について述べてきたが，この計画は市政の長期的，総合的な行政運営の指針のみならず，市民や民間団体などの地域社会における活動の指針となるものである。

　これまでに経験したことがない大きな社会潮流の変化に的確に対応していくためには，まちの将来を市民とともにつくっていくこと

が肝要であり，行政のみならず市民の英知が必要となるのは当然のことである。

　この第4次長期総合計画に基づき，市民や地域団体，事業者など多様な担い手が個性や能力を生かしながら連携・協力し合い，持続可能で活力ある地域社会の構築の実現に向けて進んでいくこととする。

資料編　立川市の紹介（英語）

Tachikawa City is located almost in the center in terms of north and south and a little west of the Tokyo Metropolitan area, at the center of the Tama region. It borders the cities of Akishima, Kodaira, Hino, Kokubunji, Kunitachi, Fussa, Higashiyamato, and Musashimurayama.

The Tama River flows from east to west at the south of Tachikawa City, and the Tamagawa Josui Channel, the water source of the Musashinodai ground reclamation, flows at the north side of the City. The topography is flat.

Commerce and business functions are integrated with the JR Tachikawa Station surroundings, and Showa Kinen Park, the large area disaster prevention base, Local Autonomy College and other important institutes are located centrally in the city region. Furthermore, a national ministry's decentralization plan focuses on this area. The northern part of the city region contains urban agricultural land and a generous green zone consisting of groves of mixed trees native to the Musashino region.

第7章　立川市第4次長期総合計画

Column　　　　　　　　政策評価

三重野　卓

　欧米諸国において，1990年代に行政・財政改革の流れの中で，ニュー・パブリック・マネジメント（NPM：新しい公共管理）の考え方が生まれた。その特色は，第一に，目標達成のための戦略計画の策定をあげることができる。さらに第二に，市場の重視，民間の方法の活用がある。第三に，アウトカム（公共活動による成果，とりわけ生活状態の向上や主観的側面の重視）志向をあげることができる。そして第四に，公共サービスによる顧客満足度に着目しつつ，効率性を確保しようという点を指摘できる。第五に，国民，住民へ説明責任を果たそうという点があり，そのため第六に，政策評価の実施が不可欠になる。

　こうした流れを受けて，わが国の地方自治体レベルとして三重県，静岡県，北海道，滋賀県などの改革では，政策評価が先駆的役割を担い，中央省庁レベルでは，2001年に制度化されるに至っている。公共活動を政策（例，政策目標として健康水準の向上），施策（施策目標として健康増進体制，運動の推進），事業（事業目標として施設の建設や相談業務の充実等）に分けると，これらのレベル全ての評価を政策評価ないしは行政評価という場合があるし，政策レベルを政策評価，施策・事業レベルの評価を行政評価という場合もある。

　近年，こうした評価は，都道府県，大都市とともに中小の都市や町に広がっている。多摩地区の政策評価，行政評価も多様であるが，たとえば八王子市の行政評価（平成25年度）では，5つの都市像が示されている。福祉関係は「一人ひとりが大切にされ共助で築くふれあいのまち」であり，基本施策として「市民生活・コミュニティ」，「地域福祉」，「健康・医療」，そして「地域福祉」は，「子どもの健全育成」，「障害者支援」，「高齢者支援」，「社会保障」という施策に分かれている。たとえば「高齢者支援」は，「高齢者が健康で生きがいを持ち，社会参加しやすい環境を整備し，住み慣れた地域で安心して暮らせるまちをめざします」を施策の方向として，評価指標は「生きがいを感じている高齢者の割合」とし，経費も示されている。そして事業として，たとえば「高齢者の相談・情報機能の整備」について，目的（相談窓口の整備，介護サービス等の質の向上），手段（具体的な相談窓口，介護相談員の訪問）を

示し,実績・成果を数値化している。八王子市の行政評価は,総合計画,予算との連携を図っている点に特色がある。

現在,一般に政策評価における評価疲れ,制度の形骸化が指摘されている。第一に,政策評価は,一方的に情報を示すためではなく,他の主体(住民,利害関係者)との対話のための用具として作用すべきである。第二として,政策評価におけるアウトカムとして「生活の質」,さらに幸福感の視点を積極的に導入する必要がある。第三に,政策評価をめぐる因果関係(予算,マンパワー,公共活動のアウトプット,アウトカム,影響要因など)の検討がより重要になる(ロジックモデルの構築)。

Policy Evaluation in Japan

Takashi MIENO

Since the 1990s, administrative and fiscal reforms driven by New Public Management (NPM) have led to the introduction of policy evaluation in Western countries. In Japan, Mie, Shizuoka, Hokkaido, and Shiga prefectures pioneered untilization of policy evaluation for their reforms. Additionally, Japan's government ministries and offices have implemented the administrative evaluation system since 2001. Today, small cities and towns have established administrative evaluation systems as well. For example, the city of Hachioji implemented an administrative evaluation system by coordinating a budget with the city's comprehensive plan for administration and management. Hachioji uses indicators for evaluation and quantifies outcomes. Future agendas for policy evaluation are as follows: first, policy evaluation should contribute to enhancing community-based dialogue; second, quality of life and a sense of happiness should be employed for outcome indicators; and third, causal relationships should be further examined.

第8章
多摩信用金庫の取り組み
―地域の活性化を図る仕組みづくりに着目して―

浦野　慶子

第1節　地域の活性化に貢献する信用金庫

　信用金庫は，地域に根差した中小企業や地域で暮らす人びとの相互扶助を目的とした協同組織金融機関である。信用金庫は地域社会の盛衰と運命を共にする存在であるため，全国に267（2015年4月1日現在）ある信用金庫は各地域のさらなる発展を目指して特色ある地域貢献を展開してきた[1]。多摩信用金庫（以下，前身の多摩中央信用金庫も含めて多摩信と略記[2]）は，信用金庫の取扱業務やメセナ（芸術・文化振興による社会創造）の既成概念を超えて経済・社会・文化の繁栄を支える価値の総体を涵養する取り組みを実践し，多摩地域の活性化を牽引してきた。本書の第5章で触れられているように，多摩信が企画・支援した地域ブランド化プロジェクトも少なくない。

　そこで本章では，いかにして多摩信が地域活性化に貢献してきたのか，地域の主体性と持続性を念頭に置いた地域活性化の仕組みづくりに着目して分析する。多摩信の地域貢献については，長年，多摩信と関わってきた関（2008）による詳細な論文がある。関（2008）

は,中嶋榮治理事長の時代と佐藤浩二理事長の時代の2つの時期に着目し,両氏のリーダーシップによって,地域貢献の領域が文化(1970年代半ば)に始まりビジネス(2001年以降)へ向かう過程を明らかにしている。本章では,関(2008)が示した2つの画期という枠組みから離れ,芸術文化,ライフスタイル,創業風土,教育の4領域における地域活性化の仕組みづくりに着目し,多摩信に対するヒアリング調査及び提供資料をもとに,時代背景の分析も加えながら検討する[3]。

第2節　歴史と風土からみた価値創造の精神的支柱

多摩信は,1933年に立川の地域リーダーたちが協同組織として有限責任立川信用組合を設立したのが始まりである[4]。当時の日本経済は,1927年に起きた昭和金融恐慌や1929年に始まった世界大恐慌の衝撃を受けており,立川の地域リーダーたちは信用組合を設立して互いに支え合うことによって未曾有の危機を脱しようとした。わが国では1990年がメセナ元年とされ,今日では多くの企業がさまざまなメセナを展開しているが(企業メセナ協議会　2013),多摩信の地域振興への意欲は,メセナ元年以前の昭和恐慌期に育まれた相互扶助や地域貢献の精神に由来しているといえる(関　2008)。

さらに,メセナ元年以前から多摩信が芸術文化振興に取り組んできた背景には,多摩地域が保有する歴史的・文学的・芸術的風土が関係していると考えられる。わが国では,明治維新を契機に近代化・工業化が加速し,東京に政治・経済・文化・人口が集中してきた。「林と野とが斯くも能く入り乱れて,生活と自然とがこの様に密接している処が何処にあるか」(国木田　1898＝1985：19)という

第8章　多摩信用金庫の取り組み

一節で知られる『武蔵野』を国木田独歩が発表した19世紀末には，東京都心部からそれほど遠くない武蔵野地域に自然と人間が共生する美しい風景が広がっていた。国木田の有名な一節は，美しい自然環境の中で営まれる人間生活のありさまが文筆家や美術家の創作意欲をかき立てるものであったことを象徴するものとして捉えることもできる。実際に，多くの作家や画家が多摩地域の各所に住んで創作活動を行ったほか，文学作品の舞台や美術作品のモチーフにもなってきた。豊かな文学的・芸術的風土を背景に多摩信がいち早く文化振興に取り組んできたのは自然な流れだったといえるだろう。

第3節　能動的な芸術文化活動を支える仕組みづくり

多摩信は，1974年に「たましん展示室」（1977年に「たましんギャラリー」へと改称）を開設した[5]。このギャラリーは，多摩地域在住・在勤者を対象に作品発表の場を提供する目的で開設された（多摩信用金庫　2014）。多摩信がギャラリーを開廊し，多摩文化資料室を開設した1970年代，わが国はかつてない経済的繁栄を成し遂げ，物質的な豊かさだけではなく心の豊かさへの希求の高まりが謳われた。1974年には文化庁の主催でルーヴル美術館からレオナルド・ダ・ヴィンチの「モナ・リザ」が来日した。このモナ・リザ展には，延べ150万人が訪れ（国立西洋美術館　2014），1970年代における芸術文化志向の高まりを象徴する記録となっている。美術作品を鑑賞して心の豊かさを得ようとする受け身の芸術文化活動が隆盛する最中，多摩信は受動的な活動にとどまらず，芸術文化を自ら創造する能動的な活動へのニーズを早期に捉え，ギャラリーの提供を通じて地域の芸術文化活動を支援してきた。その後，1979年に大平正芳内

閣総理大臣(当時)が国会の施政方針演説において「経済中心の時代から文化重視の時代に至った」と宣言したが(内閣官房 1980),1970年代前半から地域に根差した芸術文化活動を支援する仕組みを整備してきた多摩信の先取性がうかがえる。

　1980年代のバブル期には不動産だけではなく美術品相場の高騰が続き,アートバブルが発生した。高額美術品がマネーゲームの対象として翻弄されていた中,多摩信は1970年代前半から取り組んできた芸術文化振興を着実に発展させ,1987年に「たましん美術サロン」(1991年に「たましん歴史・美術館」と改称)を開設し,1991年には「たましん地域文化財団」(2012年に公益財団法人に移行)を設立,さらに1993年に「たましん歴史・美術館」の分館として「たましん御岳美術館」を開館した。「たましん御岳美術館」には,たましんギャラリーの展示から買い上げてきた美術品のほか,倉田三郎の作品等が所蔵されている。倉田三郎は,多摩地域を代表する洋画家・美術教育者であるが,多摩信は,画廊や美術館を通じて倉田三郎の創作活動を支援してきた。そうした交流・支援の蓄積が現在,「たましん御岳美術館」にある「倉田三郎記念室」の開室につながっている。バブルの崩壊とともにアートバブルも終結したが,多摩信による芸術文化振興はアートバブルとは一線を画し,相互扶助と地域貢献の精神を支柱に発展を遂げてきた。

第4節　新しいライフスタイルを創発する仕組みづくり

　前節では,多摩信による芸術文化振興について考察してきたが,文化とは,芸術をはじめとするハイカルチャーのみを指すのではなく,日常の生活様式,行動様式,思考様式をも含む人間活動の総体

第8章　多摩信用金庫の取り組み

である。そのため，文化を豊かにする担い手は社会に生きる私たちすべてであり，文化の涵養は社会の発展を支える基礎となる。この視点から，多摩信は日常の生活様式や行動様式に新しいパターンが醸成される仕組みづくりを進めてきた。

　多摩信は，より快適で豊かな生活を支援することを目指して1997年に「多摩らいふ倶楽部」を企画し，関連企業である株式会社多摩情報メディアがサービスを提供している。会員になると多摩カレッジの受講，イベントの参加，「広報たまちいき」（毎月）および地域情報誌『たまら・び』（年4回）の定期購読等ができる。先述したように，文化の担い手は社会に生きる私たち一人ひとりであり，講座やイベントは地域に根差した人的交流を促進して新しい文化やライフスタイルを創発する仕組みとして機能している。さらに，『たまら・び』の執筆や編集を担っているのは地域の有志で，地域の人びとが新しい文化やライフスタイルを発信する主体となっており，地域のブランド化を生活領域から推進する基盤にもなっている。

　次に，多摩信が多摩らいふ倶楽部を企画した1990年代はいかなる時代であったのかを考察したい。わが国では，1991年から平成不況に突入する一方で，翌年の1992年には経済運営の指針として「生活大国5か年計画―地球社会との共存をめざして―」と題した閣議決定が発表され，「経済大国」から「生活大国」への転換が謳われた（経済企画庁　1992）。心の豊かさとは非日常的で高尚なものによってのみ得られるものではなく，日常の何気ない営みの中に見出すものであることが提唱されている。長期不況下での「生活大国」の実現は現実的には厳しいものがあったが，1990年代は，日常の生活空間こそが美を見出し心の豊かさを感じる場と捉えるようになった重

要な転換期といえる。こうした時代に多摩信は，多摩らいふ倶楽部を企画することで地域の人びとが日常生活を楽しみながら交流を深め，新しい文化やライフスタイルを主体的に醸成する仕組みを整えていったのである。

さらに，「日常生活のなかでいかに豊かさを見出すか？」という問題が浮上してきた時代は，世界的には第一次ベビーブーム世代が中高年期に入り，彼らのミッドライフ・クライシス（中年の危機）問題やそのベビーブーマーたちが近い将来，定年を迎えて地域社会に戻る際に起こり得る諸問題が浮上した時期と重なる。多摩らいふ倶楽部は，こうした社会の動向に対応するように設立されたことが関（2008）の研究で明らかにされている。

第5節　創業を歓迎する風土の涵養

産業経済に目を向けると，わが国では第三次ベンチャーブームを経験していた。第三次ベンチャーブームとは，米国のベンチャー文化の影響を受けて，ベンチャー企業の設立が相次いだ現象のことである。多摩信は，ベンチャーブームを一過性の現象で終わらせることなく，創業を歓迎し支援する風土を多摩地域に根付かせるための取り組みを展開してきた[6]。多摩ブルー・グリーン賞の創設，たましんブルームセンターの開設，法人総合サービスBOB等が代表的な取り組みとしてあげられる。

近年では，公的受託事業や産学官連携事業のほか，独自事業を通じてさまざまな創業支援を行っている。主要なものとして，経済産業省関東経済産業局より受託した「地域力連携拠点事業」（平成20・21年度）及び「中小企業応援センター事業」（平成22年度）で蓄積し

第 8 章　多摩信用金庫の取り組み

た中小企業支援ノウハウを踏まえ，独自事業としてスタートした「課題解決プラットフォーム TAMA」がある。この事業では，新規開業から事業承継に至るまでさまざまな経営課題の解決に向けた支援を行うほか，商店街振興やコミュニティビジネス等のまちづくりに取り組む人びとに対しても支援を行っている（多摩信用金庫 2014）。一方，東京都「インキュベーション HUB 推進プロジェクト事業」の採択を受けて運営している「創業支援センター TAMA」では，多摩地域に点在する創業支援機関のネットワーク化を推進し，多摩地域の創業支援環境の整備を行っている（多摩信用金庫　2014）。その他，多摩地域の自治体（連携協定締結日順に多摩市，調布市，日野市，瑞穂町，昭島市，立川市，西東京市，武蔵野市，福生市）と連携協定を結び，地元企業のライフサイクル全体を支援している。こうした連携は，本書の第 5 章で言及されている企業立地ブランドの向上につながるといえる。

　さらに，日本政策金融公庫と開催したブルーム交流カフェ（年 2 回）での経験をふまえ，現在では，自治体や地域の創業支援機関等も加わってミニブルーム交流カフェ（1 か月に 2 回程度）を開催している。ミニブルーム交流カフェでは，多摩地域で創業した先輩事業者を講師に招いた講演と講師と参加者のトークセッションを行っている（多摩信用金庫　2014）。ミニブルーム交流カフェは，先輩事業者の体験を聞いて悩みや苦労を共有し，同じ志を持つ者が仲間をつくる場となっている。創業を歓迎する風土の涵養には，起業が限られた人のみが行う特殊なことではなく，ごく普通の人が行う身近なものとして日常生活の中に広く認知されること，地域社会の中で創業を歓迎し支援する風土を地域に住む人びとが主体的につくるこ

とが重要になる。この点からミニブルーム交流カフェは創業風土の涵養に資する仕組みとして機能しているといえるだろう。

第6節　新しい学びのありかたを拓く

　多摩地域は全国でも教育機関の多い文教地域である。多摩信用金庫は，産学官の地域連携組織である学術・文化・産業ネットワーク多摩（2002年設立，2012年に公益法人に移行）を通じてさまざまな教育機関と連携を図ってきた。さらに近年では，多摩地域の1高専・6大学（連携協定締結日順に国立東京工業高等専門学校，明星大学，日本女子体育大学，国立大学法人電気通信大学，多摩大学，公立大学法人首都大学東京，東京経済大学）と連携協定を結んでいる。協定によって実施されている事業内容は，創業支援施設の運営からキャリア教育に至るまで多岐に渡る。特筆すべきことは，「東京高専 de サイエンスフェスタ」等で地元企業の技術や製品を分かりやすく紹介する企画があり（多摩信用金庫　2014），多摩信が橋渡し役となって次世代育成に地元企業が貢献する新しい学びのありかたを創出している点である。

　また，上記の高専・大学に加えて，さまざまなかたちで多摩信と連携している大学も少なくない。帝京大学では，2008年度に文学部社会学科に「多摩学」という専門科目を設置し，2010年度からは立川市（2008年度～）だけではなく多摩信や地域の産業関係者も招聘して産学官連携によるオムニバス形式の授業に発展している。この講座は，社会学科だけではなく，他学部や他学科の学生も履修することができ，さまざまな専攻の学生が多摩地域の問題解決に向けて現在／未来の自分が取り組むべき課題を発見する場となっている。

第8章　多摩信用金庫の取り組み

第7節　危機突破の重要なプレイヤーとして

　多摩信は，多摩地域が保有する豊かな歴史的・文学的・芸術的風土を背景に，昭和恐慌期に育まれた相互扶助と地域貢献の精神を支柱として幅広い価値創造を展開してきた。その事業は多岐に渡るため，本章ですべてを網羅することは不可能といわざるを得ないが，主要な取り組みを考察した結果，特筆すべきことは，第一に価値創造の主体である地域住民の交流や取り組みを重要視し，それが持続可能な発展へとつながる仕組みづくりを支援している点である。第二に，地域の産業関係者の交流・協働，さらに教育機関との連携を支援している点である。近年では自治体や大学との連携を深め，公益性の極めて高い地域振興事業を展開している。第三に，設立当初の理念を尊重するとともに時代の変化や人びとのニーズに即応しながら振興事業を展開している点である。近年では，収益の一部を還元するメセナではなく，経営方針のなかにメセナの精神を取り込む戦略が不可欠とされているが（企業メセナ協議会　2003），多摩信は設立当初から地域貢献の理念を経営方針の中心に据えてきたため，メセナの既存概念を超えた多彩な振興事業の展開を可能にしたといえる。

　本書の第2章にあるように，わが国は人口減少期に入り，多摩地域の人口も減少に向かうことが指摘されている。地域社会は，地方創生に向けて地域課題を主導的に解決することを求められている。さらに，否応なしにグローバル化の渦に飲み込まれ，自治体間の競争のみならず国際競争に勝ち抜くことをも求められている。こうした未曾有の危機に直面している一方で，多摩地域は2020年に開催さ

れる東京五輪を控えてその魅力を世界に発信する好機に恵まれている。かつて立川の地域リーダーたちが恐慌期の危機を相互扶助の精神で乗り越えたように，多摩信が今後も継続して地域の課題解決に貢献し，さらなる発展を遂げるうえで重要な役割を果たし続けることを改めて強調しておきたい。

【ヒアリング実施の日時】

2014年11月28日

■ 注 ■
1）信用金庫の地域貢献については，関・鈴木（2008）に詳しい。
2）多摩信用金庫は通常「たましん」と平仮名で略記されるが，本章では紙幅の都合で漢字表記を用いる。
3）したがって，本章は関（2008）が行った時系列的に考察して大きなうねりを捉える分析ではなく，分析対象となる4領域それぞれの仕組みづくりに焦点を当てて分析する。
4）関（2008）は多摩信創立40周年記念誌をもとに設立経緯を詳細に検討しているので参照されたい。
5）たましんギャラリー，多摩文化資料室及びたましん地域文化財団の設立経緯と内容については関（2008）に詳しい。
6）本章では近年の取り組みに焦点を絞って分析する。関（2008）は多摩信が2001年の佐藤理事長就任以降，多摩ブルー・グリーン賞の創設やたましんブルームセンターの開設等，産業活性化への貢献を大きく展開し始めた時期について詳細に検討しているので参照されたい。

■ 引用・参考文献 ■

企業メセナ協議会『Mécénat 2010 「メセナ」を知る本』企業メセナ協議会（2013）

企業メセナ協議会編『メセナマネジメント』ダイヤモンド社（2003）

経済企画庁編『最新　生活大国キーワード─生活大国5か年計画　地

球社会との共存をめざして』大蔵省印刷局（1992）
国木田独歩『武蔵野』新潮社（1898＝1985）
国立西洋美術館「過去の展覧会．モナ・リザ展」（2014）
　http://www.nmwa.go.jp/jp/exhibitions/past/1974_049.html
　（最終アクセス日：2015年3月31日）
関満博「第9章　地域文化貢献から地域ビジネス貢献へ向かう―多摩信用金庫（東京都立川市）」関満博・鈴木眞人編『信用金庫の地域貢献』新評論（2008）
関満博・鈴木眞人編『信用金庫の地域貢献』新評論（2008）
関満博監修，多摩信用金庫企画『たまの力―多摩ブルー・グリーン賞受賞企業のNEXT STAGE』多摩ブルー・グリーン倶楽部（2014）
多摩信用金庫　提供資料（2014）
内閣官房『文化の時代の経済運営―文化の時代の経済運営研究グループ，大平総理の政策研究会報告書（7）』大蔵省印刷局（1980）

Chapter 8
How has the Tama Shinkin Bank Contributed to the Development of the Tama Area?

Yasuko URANO

The Tama Shinkin Bank is a leading credit association in the Tama area. The bank was founded to assist local small- and medium-sized businesses. Since its establishment in 1933, the Tama Shinkin Bank has engaged in meaningful community service and has made significant contributions to the arts, which extend beyond conventional banking services and traditional support of the arts. To identify how the Tama Shinkin Bank has contributed to the development of the Tama area, a literature review, secondary data review, and interviews were conducted. As a result, five key findings were identified. First, a spirit of mutual aid, which is rooted in its corporate philosophy, strongly motivates the bank's contributions to the community. This began before support of the arts prevailed in Japanese corporations in the 1990s. Second, its financial contributions to the fine arts and cultural activities have been unaffected by the art-market bubble from mid-1980s to early 1990s. The Tama Shinkin Bank has identified places to assist the arts and has steadily developed various methods of offering this assistance. Third, the Tama Shinkin Bank has enhanced the culture of everyday life by providing opportunities for community members to interact and to generate new knowledge and practices in their everyday lives. The Tama Shinkin Bank assists local people to publish a high-quality quarterly magazine on the Tama area and its people's new lifestyle. Fourth, the Tama Shinkin Bank has actively entered into agreements with local governments to enhance local economic growth. In addition, the bank has independently implemented diverse projects to support local small businesses. Fifth, the Tama Shinkin Bank collaborates with universities; for example, its staff members have delivered lectures at Teikyo University since 2010. As the Tama area is facing the effects of a population decline and globalization, the Tama Shinkin Bank is expected to play the role of protagonist for the regional activation of the Tama area.

あとがき

　帝京大学文学部社会学科が専門教育科目「多摩学」を開講してから8年目を迎えた。立川市，多摩信用金庫，多摩地域の産業関係者のご協力によって産学官連携による講座として発展し，これまでの教育・研究成果を本書にまとめることができた。多大なるご支援を賜わった関係者各位に改めて心より感謝申し上げる。

　我が国の地域社会は，国内競争力のみならず国際競争力をも強化して持続的に発展することがより一層，求められている。「多摩学」講座においても，そうした時代の要請に呼応すべく，グローバルな視点から社会を捉え，ローカルな問題の解決に向けて行動する人材の育成に資する授業運営に努めていきたいと考えている。今後も地域の人びとと対話を重ねながら，多摩地域をフィールドにした教育・研究に取り組み，その成果を国内外に広く発信していく所存である。

　最後に，本書をご覧いただいた皆様から忌憚ないご意見，ご感想をいただければ幸いである。

『多摩学』執筆委員会を代表して
浦野　慶子

── 多摩学 ──────────────────────────────

2015年9月30日　第一版第一刷発行

編　者	帝京大学文学部社会学科 『多摩学』執筆委員会
発行所	株式会社 学　文　社
発行者	田　中　千　津　子

東京都目黒区下目黒3-6-1　〒153-0064
電話03(3715)1501　振替00130-9-98842

───────────────────────────────

落丁，乱丁本は，本社にてお取り替え致します。印刷／東光整版印刷㈱
定価は，売上カード，カバーに表示してあります。http://www.gakubunsha.com

© 2015 The Writing Committee on the Tama Study, Department of Sociology,
Faculty of Liberal Arts, Teikyo University　Printed in Japan　　ISBN 978-4-7620-2556-3